V&R

Dienst am Wort

Die Reihe für Gottesdienst und Gemeindearbeit

87

Passionsandachten

Verlag Vandenhoeck & Ruprecht
in Göttingen

Passionsandachten

Auslegungen von Texten des Markus- und Johannesevangeliums

Von Johannes Winkel

Verlag Vandenhoeck & Ruprecht
in Göttingen

Die Deutsche Bibliothek – CIP-Einheitsaufnahme

Winkel, Johannes:
Passionsandachten : Auslegungen von Texten des Markus- und Johannesevangeliums / von Johannes Winkel. – Göttingen : Vandenhoeck und Ruprecht, 2000
(Dienst am Wort ; 87)
ISBN 3-525-59351-1

Umschlagabbildungen:
Seccomalerei, 2. Hälfte des 15. Jahrhunderts, St. Albani, Göttingen.
Fotos: Dieter Nehls (Ausschnitt)

Satz: Dörlemann Satz, Lemförde
Druck und Bindearbeit: Hubert & Co., Göttingen

Inhalt

Für
Benjamin und Konstantin

Vorwort

Im Jahre 1994, merkwürdigerweise zu Reminiszere, nahm das bis dahin aus verschiedenen Gründen mehrmals verschobene Projekt, die Passions- und Ostertexte der neutestamentlichen Evangelien für die sich zum Gottesdienst versammelnde Gemeinde einmal kursorisch auszulegen, doch noch Gestalt an. Begonnen wurde mit Johannes, im nächsten Jahr waren ausgewählte Abschnitte aus dem Markus-Evangelium an der Reihe. Den Hörern sollten auf diese Weise die christlichen Basistexte, mit denen sie in der Regel kaum, vielleicht nur durch das ungerechtfertigte Moll der Passionsmusiken vertraut sind, neu erschlossen werden. Eine kursorische Auslegung hat auch für den Prediger den Vorteil, sich den Besonderheiten eines jeden Evangeliums intensiver stellen zu können.

Alle Texte wurden neu übersetzt. Hinweise auf zu vergleichende Textstellen sind in Klammern beigefügt. Zitate aus der griechischen Bibel, der Septuaginta, werden *kursiv* und buchstabengetreu wiedergegeben, so daß Veränderungen des Originals mit einem Blick zu erfassen sind.

Die Predigten bedurften der gründlichen Überarbeitung, um Wiederholungen oder Ausschweifungen zu vermeiden. Manche Aktualisierung ist um des hier nur begrenzt zur Verfügung stehenden Platzes willen auf der Strecke geblieben. So sind konzentrierte Auslegungen entstanden, die sich, wie ich hoffe, nicht nur zur Predigtvorbereitung eignen. Rainer Reuter (Paderborn) und Andreas Staemmler (Vryheid) haben das Manuskript kritisch gelesen und sich durch manche Anregung verdient gemacht. Herzlichen Dank! Sofern dieses Buch seine Leser findet, wird ein zweiter Band mit Predigten über die entsprechenden Texte aus Matthäus und Lukas folgen.

Johannes Winkel

I

Im Zeichen des Löwen

Jesu Kommen nach Jerusalem

Markus 11,1–10

1 Und als sie sich Jerusalem,
Bethphage
und Bethanien am Ölberg nähern,
sendet er zwei seiner Jünger aus
(vgl. 6,7; 14,12 ff)
2 und spricht zu ihnen:
„Geht in den Ort,
der euch gegenüber liegt!
Wenn ihr hineinkommt,
werdet ihr sogleich ein *Füllen angebunden* finden,
auf dem noch nie ein Mensch gesessen hat
(Gen 49,11; 4Qpatr 1–4; Sach 9,9).
Bindet es los
und bringt es her!
3 Und falls euch einer fragen sollte:
‚Wozu tut ihr dies?',
sagt:
‚Der Herr braucht es,
er schickt es bald wieder zurück.'"
4 Und sie gingen fort
und fanden das Füllen,
das an einer Tür angebunden war
draußen am Weg,
und sie binden es los.
5 Und einige derer, die dort standen,
sagten zu ihnen:
„Wozu bindet ihr das Füllen los?"
6 Die aber sagten zu ihnen,
wie Jesus ihnen gesagt hatte.
Da erlaubten sie es ihnen.

7 Sie bringen das Füllen zu Jesus
und *legen* ihm ihre Kleider auf,
und er setzte sich darauf.
8 Viele breiteten *ihre Kleid*er auf den Weg
(2Kön 9,13; vgl. 1Sam 19,24),
andere aber (grüne) Büschel,
die sie auf den Feldern abgehauen hatten.
9 Und die Vorangehenden und die Nachfolgenden
(vgl. 1Sam 10,1–13; 19,19ff)
schrien
(vgl. Mk 3,11; 5,5.7; 9,24.26; 10,47f; 15,13f):
„Hosianna!
Gelobt sei, der da kommt im Namen des Herrn
(Ps 118,25f; vgl. 118,22f in Mk 12,10f)!
10 Gelobt sei das kommende Reich unseres Vaters David
(vgl. 10,47f; 12,35ff; Joh 12,13; Mt 21,9; Lk 19,38; Apg 2,29; 4,25)!
Hosianna *in den Höhen"*
(Ps 148,1; Hiob 16,19; Sir 26,19; 43,9 u.a.)!

Die Erzählung vom Kommen Jesu nach Jerusalem eröffnet die Passionsgeschichte. Geschildert wird das Kommen dessen, der im Auftrag Gottes kommt. Vom Ölberg herab ertönt Freudengeschrei. Ehrenvoll wird er in seine Stadt geleitet wie ein König zu seinem Herrschaftsantritt. Die Großen des Volkes werden derart an ihm Anstoß nehmen, daß sie seine Tötung betreiben (Mk 11,18; 12,12.13ff; 14,1f.11.43f.46.53ff; 15,1.3.11.31f). Einer seiner eigenen Jünger wird ihnen dabei behilflich sein (14,10f.18–21.43–45). Andere werden mitmachen (14,56ff; 15,11.13f). Zuvor wird er, wiederum außerhalb der Stadtmauern, durch eine namenlose Frau geehrt und – zum Begräbnis gesalbt werden. In der Residenz des römischen Präfekten Pontius Pilatus wird dieser „König der Juden" (15,18; vgl. 15,2.9.12.26) den ihm gebührenden Salut empfangen – unten im Folterkeller (15,16–20a). Seine Kreuzigung wird ebenfalls draußen vor der Stadt erfolgen. Hohn und Spott werden die Jubelrufe sein, unter denen er, von Gott verlassen, sterben wird.

Was für eine Geschichte! Und was für ein Herr, der da im Namen des Herrn kommt! Mit allen Ehren eingeholt, um nicht lange danach, mit allen Unehren gekrönt, in den Tod gestoßen und beiseite geschafft zu werden.

Gelegentlich ereignen sich eben tragische Unfälle. Hier nicht. Gar manchen ereilt sein Schicksal ungewollt. Hier nicht. Manchmal klären sich Mißverständnisse leider erst, wenn es zu spät ist. Hier nicht. Es liegt kein Mißverständnis vor. Manchmal stirbt einer würdig und in allen Ehren. Hier nicht. Jesus hat es so kommen sehen. Er sollte und wollte dorthin kommen.

Bei solchen Aussichten wäre jeder andere zurückgewichen bzw. gar nicht erst gekommen. Sicher, einmal in seinem Leben mit Freudengeschrei begrüßt und wie ein König in seine Hauptstadt eingeholt zu werden, das müßte schön sein. Wem wäre es unangenehm, wenn zu seinen Ehren die Sektkorken knallten? Wer ritte nicht gern einmal auf einem bunten Teppich aus lauter Menschenkleidern und frischem Grün dahin? Aber dorthin, wo der Jubel gleich darauf wie weggeblasen und alsbald in das wüste Geschrei „Kreuzige ihn!" umgeschlagen sein wird? Was eigentlich hat diesen Herrn geritten, Jerusalem nicht Jerusalem sein zu lassen, seine Tage nicht lieber woanders zubringen, sondern unter allen Umständen in seine Stadt gelangen zu wollen? Welcher Esel würde ihn dorthin bringen?

Es ist schon eine merkwürdige Sache, daß die Passions- und Ostergeschichte ausgerechnet hiermit, mit der Geschichte vom Finden jenes Esels einsetzt. Viel breiter wird uns das geschildert als die begeisterten Ovationen danach.

„Und als sie sich Jerusalem, Bethphage und Bethanien am Ölberg nähern, sendet er zwei seiner Jünger aus und spricht zu ihnen: ‚Geht in den Ort, der euch gegenüber liegt! Wenn ihr hineinkommt, werdet ihr sogleich ein Füllen angebunden finden, auf dem noch nie ein Mensch gesessen hat. Bindet es los und bringt es her!'"

Jesus sieht das passende Reittier für sich, das ihn vom Ölberg herab in seine Stadt tragen soll. Es steht bereit und wartet darauf, abgeholt und zu ihm gebracht zu werden. Er sieht es und will es haben. Kein stolzes Schlachtroß steht gesattelt, wie es einem König wohl geziemte. Aber eben auch kein alter Esel, sondern ein Eselchen, „auf dem noch nie ein Mensch gesessen hat." Ein Tier also, das von keinem anderen zugeritten ist, sondern von demjenigen zugeritten wird, für den es bereitsteht. Auf diesem jungen Esel will Jesus nach Jerusalem.

Der Beauftragte sieht seinen Auftrag und verlangt danach. Auch wir sollen nicht achtlos daran vorübergehen, sondern zunächst diesen seinen Auftrag sehen, um die nachfolgende Geschichte überhaupt verstehen zu können. Das Eselchen, das ihn in die Davidstadt hinunterbringen soll, steht bereit. Allerdings, man stolpert nicht gerade darüber. Es steht an einem offenbar uns allen gegenüberliegenden Ort draußen am Wegesrand an einer rätselhaften und sogar bewachten Türe festgemacht. Von seinen Begleitern sah es niemand dort. Jesus verlangt, daß zwei seiner Jünger losmarschieren, um es an dem ihnen bezeichneten Ort, wo sie es sofort finden würden, abzuholen, damit es ihn dorthin trage, wohin Gott ihn haben will. Und falls es Komplikationen gäbe, sollten sie nur gleich ihr Sprüchlein sagen: „Der Herr braucht es, er schickt es bald wieder zurück." Man scheint ihn dort ja bestens zu kennen und schon darauf zu warten, daß er sein Gefährt abhole oder abholen lasse.

Warum wird das gerade so erzählt? Ach, es gibt ja so viele Esel, inzwischen motorisierte gar. Für welchen soll man sich entscheiden? Welcher ist der richtige? Gibt es den überhaupt? Wo und nach welchen Kriterien findet man den ihm bestimmten Auftrag *Gottes?* Nun, den findet man auch nicht, der liegt nicht einfach auf der Straße, sondern der findet sich: In Erfüllung der Voraussage seines Beauftragten, nach der es sich zu richten gilt. Dort soll er gefunden werden, und dort wird er denn auch sofort und wunderbar gefunden, nachdem er zunächst verborgen war. Und der muß es dann sein, der da für ihn und nur für ihn bereitsteht. Gottes Beauftragter muß ihn gesehen haben, sich auf ihn setzen und von ihm tragen lassen wollen. Gestohlen und sich angemaßt darf er seinen Auftrag natürlich auch nicht haben. Wie käme er sonst in Gottes Namen, wie wäre er sonst sein Beauftragter? Er käme dann gar nicht „im Namen des Herrn", sondern, wenn er überhaupt käme, in eigener Willkür. Was aber würde er damit an- und ausrichten? Gott müßte dann genauso gegen ihn sein, wie später der Hohe Rat gegen ihn sein würde.

Als die Jünger eintreffen, wird der von ihnen mitgebrachte Esel hergerichtet, und Jesus nimmt auf ihm Platz. So fand und fügte sich alles, wie er's gesehen und angenommen. Die Kleider werden ausgezogen und der Weg geschmückt, und die Vorangehenden und Nachfolgenden schreien: „Hosianna! Gelobt sei, der da kommt im Namen des Herrn! Gelobt sei das kommende Reich unseres Vaters David! Hosianna in den Höhen!"

Das schreien jene, die vor ihm und hinter ihm gehen. Das schreien in prophetischer Verzückung die mit ihm vom Ölberg herabkommenden Davidsöhne, die mit diesem Kommenden das kommende Reich ihres Vaters David kommen sehen. Die Davidsöhne huldigen dem einen Sohn, mit dem die ihrem Vater einst gegebene Zusage sich erfüllen und sein Königtum herrlich aufgehen wird (vgl. 2Sam 5,1 ff; 7,13.16; Ps 132,17; Jes 9,1 ff; 11,10; Jer 23,5; 33,14 ff u. a.). Es geht wohl nicht darum, daß sie politische, wirtschaftliche, religiöse oder nationale Hoffnungen mit Jesu Kommen verbinden oder eine bunte Mischung aus alledem. Sie begrüßen ihn ja mit dem 118. Psalm. Menschen, die Gott zu Helfern seines Volkes gemacht und sie in dieser oder jener Lage wunderbar aus Verachtung und Todesgefahr errettet hat, wurden mit jenem Siegeslied willkommen geheißen. Diese Gerechten durften zu den „Pforten der Gerechtigkeit" bzw. zum „Tor des Herrn" in den Tempel einziehen, um Gott dafür zu danken. Mit Jesus nun kommt der dem David versprochene Nachkomme, und zwar sein Herr (vgl. Mk 12,35–37), jener eine Gerechte, der, zu den Pforten der Ungerechtigkeit einziehend, von den Menschen verworfen werden muß, von Gott aber aus dem Tode errettet werden wird (2,17; 8,31; 12,10 f).

Das Freudengeschrei der Davidsöhne, das Jesus da hinab in seine Stadt geleitet, wird im Rahmen einer an Gott gerichteten zuversichtlichen Bitte laut. „Hosianna" heißt, „gib doch Hilfe", „laß gelingen!" Gib Hilfe, laß gelingen, daß er, der da in deinem Namen kommt, seinem Auftrag gerecht werde und ihn treu erfülle!

Neues Zutrauen

Markus 11,11–14.20–25

11 Und er kam nach Jerusalem in den Tempel.
Und nachdem er sich ringsum alles angesehen hatte,
ging er, als die Abendstunde angebrochen war,
mit den Zwölfen nach Bethanien.

12 Und am nächsten Tag,
als sie von Bethanien weggingen,
hungerte ihn
(vgl. 2,25 f).
13 Da sah er ferne einen Feigenbaum,
der in Blättern stand.
Und er ging hin,
ob er mehr an ihm fände
(vgl. 12,1 ff).
Doch als er zu ihm kam,
fand er nichts außer Blättern
(vgl. 12,38–40).
Es war nämlich nicht die Zeit für Feigen.
14 Da hob er an
und sagte zu ihm:
„In Ewigkeit esse von dir niemand mehr Frucht"
(vgl. 4,7 f.19 f.28 f; 12,2)!
Das hörten seine Jünger.

20 Und als sie am (folgenden) Morgen
an dem Feigenbaum vorübergingen,
sahen sie,
daß er von der Wurzel aus verdorrt war.
21 Sich erinnernd
(was Jesus zum Feigenbaum gesagt hatte),
spricht Petrus zu ihm:
„Rabbi,

sieh, der Feigenbaum,
den du verflucht hast,
ist verdorrt!"
22 Und Jesus antwortete
und spricht zu ihnen:
„Habt Gottes Zutrauen!
23 Amen, ich sage euch:
Wer zu diesem Berge sagte:
‚Steh auf und wirf dich ins Meer!'
und zweifelte nicht in seinem Herzen,
sondern hätte Zutrauen,
daß geschieht,
was er sagt,
es würde ihm zuteil werden
(vgl. Mt 17,19f; 21,21; Lk 17,5f).
24 Deshalb sage ich euch:
Alles, was ihr bittet und begehrt,
habt Zutrauen,
daß ihr es empfangen habt,
und es wird euch zuteil werden!
25 Und wenn ihr als Bittende ausharrt,
laßt es nach,
wenn ihr etwas gegen jemand habt,
damit auch euer Vater in den Himmeln
euch eure Übertretungen erlasse"
(vgl. Mt 6,14f; Sir 28,2)!

Schon mancher ist an dieser Geschichte schier verzweifelt. Je dichter man herantritt, um sie aus sich selber zu verstehen, um so weniger findet man daran – wie Jesus an den Feigenbaum herantrat und eben nichts als Blätter an ihm fand. Es war nicht Feigenzeit, lautet die Erklärung. Jeder vernünftige Mensch würde daraufhin gesagt haben: Na so etwas, da habe ich mich wohl in der Jahreszeit geirrt, ich komme später wieder! Jesus nicht. Der herrschte den Feigenbaum an: „In Ewigkeit esse von dir niemand mehr Frucht!" In Ewigkeit? Was kann der arme Baum dafür, wenn seine Fruchtreife doch noch nicht gekommen war und nun niemals mehr kommen würde?

Befremdlich reagieren auch die Jünger. Sie hörten das Wort gegen den Feigenbaum, und damit hatte es sich. Auch nicht einer fragt, wie Jesus dazu kam, einen Baum mit ‚Du' anzusprechen und ihn derart anzufahren. Keiner faßt sich an den Kopf, niemand protestiert. Am nächsten Morgen sahen sie alle die Folgen seines Fluches. Der arme Feigenbaum war, als ob seine Wurzel offen läge, von Grund auf verdorrt.

In der Tat, von einem von seiner Wurzel aus abgestorbenen Feigenbaum würde niemand mehr Feigen ernten und verzehren können. Auch Jesus nicht. Aber das scheint ihn nicht sonderlich zu stören, obwohl er doch Hunger hatte! Er hat dem verdorrten und nun seine Blätter hängen lassenden Feigenbaum schon den Rücken zugekehrt. Erst Petrus macht ihn darauf aufmerksam, daß sein Fluch nicht ohne Wirkung blieb.

Der Sinn dieser Erzählung wird klar, sobald man auf den Zusammenhang achtet, in dem sie steht. Tags zuvor war Jesus nach Jerusalem in den Tempel gekommen, um sich dort alles genau anzusehen. Er war nicht wie ein Tourist gekommen, sondern wie einer, der sich seinem voll im Laube stehenden Feigenbaum in der Erwartung nähert, Frucht an ihm zu finden. Eine Frucht, nach der es ihn verlangt. Der Feigenbaum ist so etwas wie das Sinnbild des Tempels, das Gleichnis des Gottesdienstes, der da getrieben wird. An dem ist es nicht, als ob man dort nichts sehen würde. Schon von weitem erkennt man die riesige Tempelanlage, von weitem schon nimmt man vielfältiges Treiben wahr. Dieser Baum ist nicht tot. Er steht in herrlichem Schmuck und macht einen gesunden Eindruck. Was er zum Wachstum brauchte, das hatte er offenbar, hatte es reichlich. Wie aber steht es mit seiner Bestimmung, mit seiner Frucht, die Jesus an ihm sucht?

„Und er ging hin, ob er mehr an ihm fände. Doch als er zu ihm kam, fand er nichts außer Blättern." Nichts außer geschäftigem, fruchtlos gebliebenem Treiben! Es kam auf die Blätter an, will sagen, auf die Gewänder, damit die beim Tempel Angestellten draußen auf den Marktplätzen gleich erkannt und ehrfurchtsvoll begrüßt werden könnten. Auf das Prangen in vorderster Reihe kam es an und die Ehrenplätze bei den Gastmählern. Bei den Gebeten kam es darauf an, daß sie ihre Wirkung auf die da draußen nicht verfehlten, während man im Verborgenen alles tat, um rücksichtslos den frommen Schein zu finanzieren (Mk 12,38–40). Auf einen florierenden Tempelbetrieb kam es an, darauf also, daß da je nach Vergehen und Vermögen allerlei Opfertiere gekauft und verkauft werden könnten, wie es vorgeschrieben war. Auf schöne Feste kam es an, die man zur Zufriedenheit aller gut über die Bühne brächte (14,2). Warum auch nicht? Man wußte sogar, daß es bei alledem und in erster Linie wirklich nur auf eines ankam: Gott „ist einzig und ist kein anderer außer ihm. Ihn zu lieben aus ganzem Herzen, ungeteiltem Denken und mit (seinem) ganzem Vermögen, und den Nächsten zu lieben wie sich selbst, das ist weit mehr als alle Brandopfer und anderen Opfer" (12,32f).

Danach also, nach der Gottes Zuwendung entsprechenden Frucht hungerte ihn. Und was findet er? Blätter. Nichts als Blätter. Schön anzusehen und eindrucksvoll, falls man nicht zu dicht herangeht und Frucht zu finden hofft. „Dieses Volk ehrt mich mit den Lippen, aber sein Herz ist weit weg von mir" (7,6 mit Jes 29,13).

Soll er wieder umkehren, noch ein Jahr zuwarten und noch eines, bis die Blätter reif geworden wären? Es war nicht die Zeit für Feigen, lautet die Erklärung. Wieso eigentlich nicht? Wieso war da nur Blätterzeit? Da hob er an und sagte zu dem Baum: „In Ewigkeit esse von dir niemand mehr Frucht!"

Jesus mochte nicht länger zuwarten, schon gar nicht bis in Ewigkeit auf Früchte hoffen. An Gottes Zuwendung hatte es nicht gemangelt, und auch Zeit war genug vorhanden. Nun ist Schluß damit. Und man bedenke es wohl: Mit dem Entzug belebenden Segens naht doch auch für jenen Feigenbaum die Erlösung. Er muß sich nicht länger und womöglich ganz vergeblich mühen, er muß nicht länger Blätter, nichts als Blätter treiben und diese für Feigen ausgeben, er muß sterben. Unbeobachtet, versteht sich. Dieser Tempel, dieser Blätterdienst hat ausgedient (vgl. Mk 7,1ff).

„Und als sie am (folgenden) Morgen an dem Feigenbaum vorübergingen, sahen sie, daß er von der Wurzel aus verdorrt war. Sich erinnernd (was Jesus zum Feigenbaum gesagt hatte), spricht Petrus zu ihm: ‚Rabbi, sieh, der Feigenbaum, den du verflucht hast, ist verdorrt!' Und Jesus antwortete und spricht zu ihnen: ‚Habt Gottes Zutrauen!'" Das ist die überraschende Antwort auf den Hinweis, daß der am Vortag von Jesus angeherrschte Gottesdienst von seiner Wurzel her inzwischen gänzlich abgestorben ist: „Habt Gottes Zutrauen!"

„In Ewigkeit esse von dir niemand mehr Frucht!" – das war Jesu erster Befehl. „Habt Gottes Zutrauen!" – das ist nun der zweite, sein eigentlicher Befehl. Er wird laut, nachdem dem Blätter produzierenden Gottesdienst von seiner Wurzel her der Saft entzogen war. „Habt Gottes Zutrauen!" Jesus spricht jetzt nicht mehr zu jenem fruchtlos gebliebenen Treiben, sondern zu ihnen. Er spricht zu ihnen, wie wenn sie jenes Treiben nichts mehr anginge und angehen könnte. Mit ihm gehen sie an dem gestern von ihm verfluchten Blätterdienst heute wie an einem toten Baum vorbei. „Habt Gottes Zutrauen!" Das ist das Neue. Nicht darum geht es, daß sie selbst sich aufraffen und nach all der fruchtlos gebliebenen Mühe einmal richtig anstrengen sollten. Wie könnten sie dies angesichts jenes gestern zum Sterben verurteilten Blätterdienstes, der heute nur noch als lebloser Strunk dasteht? Sie selber können gar nichts tun, als jenes Urteil über ihren Blätterdienst zu bestätigen: „Sieh, der Feigenbaum, den du verflucht hast, ist verdorrt!"

„Habt Gottes Zutrauen!" Das ist nicht ihre, sondern seine Möglichkeit. Diese Möglichkeit, seinen Fluch über ihren sogenannten Gottesdienst hinter sich lassen zu können, an ihrem toten Feigenbaum vorüber zu gehen und also wie aus den Toten zu leben, diese Möglichkeit muß ihnen gegeben werden. Und sie wird ihnen gegeben, ist ihnen schon gegeben, wunderbar gegeben, indem er sich ihnen gibt, er selbst sich ihnen zuspricht: „Habt Gottes Zutrauen!" Ich bin euer Zutrauen! Ich befehle und gebe mich euch. Habt also mich, habt Gottes Zutrauen! Es ist das Zutrauen dessen, der die Toten lebendig macht. Und so haben wir selbst denn Zutrauen, indem wir ihn haben. Er ist unsere Möglichkeit, Zutrauen zu haben. Eine andere haben wir nicht, eine andere gibt es nicht.

„Habt Gottes Zutrauen!" Auch dies ein wirksamer Befehl, der nicht ohne Folgen bleibt. Was folgt daraus? „Amen, ich sage euch: Wer zu diesem Berge sagte: ‚Steh auf und wirf dich ins Meer!' und zweifelte nicht in seinem Herzen, sondern hätte Zutrauen, daß geschieht, was er sagt, es würde ihm zuteil werden." Was könnte sich denn einem, der das vernichtende Urteil über seinen Blätterdienst schon hinter sich hat und mit Jesus daran vorübergehen darf, noch in den Weg stellen? Was könnte einen, der dieses Zutrauen hat, aufhalten? Wer zu dem Berg vor seiner Nase sagte, dem, der ihm gerade Kopf- oder Fußschmerzen macht: „Marsch, aus dem Weg mit dir, auch du wirst mich nicht aufhalten!" – dem würde es zuteil werden. Das Unmögliche würde möglich dem, der nicht zweifelte und Abstand davon nähme, daß geschieht, was er sagt. Vielleicht nicht sofort. Vielleicht muß er das Zutrauen in seine eigenen Bergsteigerkünste erst noch gründlich verlieren und es lernen, bitte zu sagen, und zwar mit Zutrauen in Gott bitte zu sagen. Vielleicht muß er, indem er bitte sagen lernt und dabei bleibt, erst jenen noch freilassen, gegen den er etwas hatte, damit auch seine eigenen Verfehlungen ihm erlassen werden könnten. Doch dann wird zweifellos befohlen, und zwar im Namen dessen, der sein Zutrauen mit uns teilen möchte und schon geteilt hat.

Aufhebung des Opferdienstes

Markus 11,15–19.27–33

15 Und sie kommen nach Jerusalem.
Und nachdem er in den Tempel gegangen war
(vgl. Ex 23,20/Mal 3,1–3 [Mk 1,2]; Sach 6,12; 14,21),
begann er
die Verkäufer und Käufer im Tempel auszutreiben
(vgl. Mk 1,12 /1,34.39; 3,15.22f u.v.a. /5,40 /9,47 /12,8).
Die Tische der Geldwechsler
und die Sitze der Taubenverkäufer stieß er um
(vgl. Lev 1,14–17; 5,1–10; 12,1–8; 14,1–32; 15,1–15.16–33; Num 6,9–11),
16 und er ließ nicht zu, daß einer (von ihnen)
etwas durch den Tempel hierhin oder dorthin trug.
17 Und er lehrte
und sprach zu ihnen:
„Steht nicht geschrieben:
Mein Haus soll ein Haus des Gebets sein allen Völkern
(Jes 56,7; vgl. Jes 60,7; 1Makk 7,37)?
Ihr aber habt es zu einer *Räuberhöhle* gemacht"
(Jer 7,11; vgl. Mk 14,48; 15,27)!
18 Das hörten die Oberpriester und die Schriftgelehrten
und trachteten danach,
wie sie ihn unschädlich machten
(vgl. 1,24; 3,6; 14,1f).
Sie fürchteten ihn nämlich
(vgl. 4,41; 5,15.33.36; 6,20.50; 9,32; 10,32; 11,32; 12,12; 15,10; 16,8),
denn alles Volk war außer sich über seine Lehre
(vgl. 1,22.27; 4,2; 6,2; 7,37; 10,26; 12,38).
19 Als es Abend geworden war,
gingen sie hinaus aus der Stadt.

27 Und sie kommen wiederum nach Jerusalem.
Während er im Tempel frei umhergeht
(vgl. 2,9; 5,42; 6,48f; 7,5; 8,24; 12,38),
kommen die Oberpriester, die Schriftgelehrten
und die Ältesten zu ihm
(vgl. 8,31; 14,43.53).
28 Die sprachen zu ihm:
„In welcher Vollmacht tust du dies?
Wer hat dir diese Vollmacht gegeben,
daß du solches tust"
(vgl. 1,22.27; 2,10; 3,15; 6,7; 11,29.33; 13,34; Apg 4,7)?
29 Jesus aber sagte zu ihnen:
„(Auch) ich will euch etwas fragen;
antwortet mir,
dann werde ich euch sagen,
in welcher Vollmacht ich dies tue.
30 Die Taufe des Johannes –
war sie vom Himmel oder von Menschen?
Antwortet mir!"
31 Da überlegten sie bei sich selbst:
Sagen wir, vom Himmel,
wird er sagen:
Wieso habt ihr ihm dann nicht geglaubt?
32 Können wir aber sagen, von Menschen? –
Sie fürchteten die Menge,
denn alle hielten den Johannes
wirklich für einen Propheten.
33 Und sie antworteten Jesus
und sprachen:
„Wir wissen es nicht."
Da spricht Jesus zu ihnen:
„Auch ich sage euch nicht,
in welcher Vollmacht ich dies tue."

In den meisten Übersetzungen trägt dieser Text die Überschrift „Reinigung des Tempels" oder „Tempelreinigung". Manchmal führen Überschriften in die Irre. Hier geht es um etwas anderes als um das Großreinemachen eines Gebäudes, wie wir es auch unserer Kirche regelmäßig angedeihen lassen müssen, wenn wir nicht im Dreck ersticken wollen. Es geht freilich auch um etwas anderes als eine harmlose Gottesdienstreform, wie sie von Zeit zu Zeit fällig werden mag. Es geht um den Anfang vom Ende aller frommen Räuberei in ihrem Zentrum.

Jesus kommt ins Zentralheiligtum. Der Jerusalemer Tempel war eine burgähnliche Anlage: Gewaltige Mauern ringsherum, die im Notfall seiner Verteidigung dienten, und in seinem Innern die verschiedensten Gebäude und Plätze. Der Tempel war die religiöse als auch die politische Mitte des Volkes. Hier tagte ständig der Hohe Rat. Hier galt allein die jüdische Währung. Ausländisches Geld mußte erst eingewechselt werden, bevor man auch nur ein paar Tauben, das Opfer der armen Leute, erwerben konnte.

Jesus stellt sich nun nicht still in eine Ecke und geht dann irgendwann wieder. Er zündet keine Kerze an oder grüßt die Anwesenden warm, er sammelt nicht die Kollekte ein. Im Gegenteil. Er benimmt sich ganz anders, als man sich im Tempel zu benehmen pflegt. Er schreitet zur Tat. Da werden diejenigen, die dort etwas verkaufen oder kaufen möchten, kurzerhand am Kragen gepackt und *vertrieben* – wie im Markus-Evangelium sonst nur die Dämonen oder solche Leute vertrieben werden, die vor dem Tode buckeln und partout dabei verbleiben wollen; oder wie Jesus selbst nach seiner Taufe vom Geist Gottes in die Wüste hinaus zu dem von Gott Vertriebenen getrieben wurde, oder wie er zuletzt aus seinem Erbe als ein Toter zu den Toten hinausgeworfen werden wird.

Jenen Händlern im Tempel wird nicht freundlich zugeredet, bis sie ein Einsehen hätten, ihre Siebensachen packten und irgendwann von selber gingen. Sie haben kein Einsehen. Schließlich leben sie davon, daß man bei ihnen das richtige Zahlungsmittel sowie die auch dem kleinen Geldbeutel erschwinglichen Opfertiere erwerben kann, wie es vorgeschrieben war. Doch damit ist nun Schluß. Die Tische der Geldwechsler und die Sitze der Taubenverkäufer werden umgestoßen, und es wird nicht geduldet, daß auch nur ein einziger von ihnen etwas von seinem Krimskrams mitnehmen kann, um an der nächsten Ecke fröhlich weiter zu markten. Ihre Arbeitsplätze sind nicht länger mehr gefährdet, sie sind abgebaut – die einzigen wohl, die Jesus je so radikal in Frage gestellt hat. Nicht einmal Soldaten oder Zolleintreiber hat er so behandelt. Sind ihm da die Sicherungen durchgebrannt?

Begründet wird das kompromißlose Einschreiten gegen jene Händler mit einem Prophetenwort, einem Gotteswort über den Zweck des Tempels („Mein Haus soll ein Haus des Gebets sein allen Völkern") und einem in seiner Schärfe kaum zu überbietenden Vorwurf, was unter ihren Händen daraus geworden ist („Ihr aber habt es zu einer Räuberhöhle gemacht"). Der Protest wird nicht wegen wild wuchernder Geschäftspraktiken, die auf ein normales Maß gestutzt werden müßten, sondern im Namen des ersten Gebots erhoben: Ist dieser Tempel dasjenige Haus, in welchem der Herr frei zu Wort kommt, alle Völker ihn frei beim Wort nehmen können? Merkt man es den Aktivitäten der Angestellten am Tempel an, daß es ihnen darum und nur darum geht? Hat ihr ganzer Opferbetrieb sich nicht vielmehr zu einer sich um sich selber drehenden, sich selbst genügenden Institution gemausert, wo man sich unter dem Vorwand, das Gesetz zu beachten, um Gottes Wort nicht kümmert? Sind die akkurat betriebenen Nebensachen nicht die Hauptsache geworden (vgl. Mk 7,1 ff; 12,33)? Bereitet man dem Herrn dort den Weg, oder muß sich dieser Herr nun selbst den Weg bereiten, indem er diejenigen, die das verkaufen, aber auch jene, die bei ihnen kaufen wollen (vgl. 6,36f), unbarmherzig zur Tür hinausjagt?

Bemerkenswert ist folgendes. Erstens: Jesus rechnet nicht mehr mit einer Besinnung und Umkehr derer, die er so gewaltig angeht, sondern er selbst vollzieht diese Umkehr, indem er den verkehrten Kultbetrieb aufhebt und selbst dafür sorgt, daß alle Völker so frei sein können und so frei sein dürfen, sich mit dem Glauben Gottes an Gott zu wenden (11,20ff; vgl. 3,34f). Darum wackeln die Sitze und Tische seiner Ehrabschneider jetzt nicht mehr nur bedenklich, sondern da sind jene, noch ehe sie sich's versehen, bereits auf dem Wege nach draußen begriffen.

Zweitens: Jesus wendet sich gegen den im Tempel stattfindenden Opferdienst. Das ist überraschend, denn zum Verkehr mit Gott gehörte das Opfer. Da traten bestimmte Tiere, des Menschen Haustiere für den Menschen ein, der sich vor seinem Herrn und vor sich selbst und seinesgleichen einmal mehr unmöglich gemacht hatte. Auch der Mensch sollte dafür zahlen, das Opfer aber sollte ihm erschwinglich sein, ohne daß er Gott mit seinem Leben dafür zahlte. Das Tier bezahlte für ihn mit seinem Leben, und Gott wollte es annehmen, als hätte der Mensch seine offenen Rechnungen selbst bezahlt. Man wußte ja durchaus, daß man dieses Opfer nicht selber sein und leisten konnte, sondern daß es in der Tat eines anderen bedurfte, um Gottes Bundespartner sein und mit ihm Gemeinschaft haben zu können. Das war der Sinn des Opfers. Dazu bedurfte es der Opferverkäufer und -käufer, der Opfertiere, der Altäre und Priester. Was war Schlimmes daran?

Schlimm daran war, daß man das alles doch auch ohne Gott haben und machen konnte. Man brauchte ihn darum weder zu lieben noch zu fürchten, ihn weder zu bitten noch ihm im Voraus zu danken. Man besaß das richtige Zahlungsmittel, kontrollierte den Zahlungsverkehr. Eine Nötigung, alle anderen Völker auf sein frei zuvorkommendes, frei überströmendes Erbarmen hinzuweisen, bestand nicht. In seinem Zentralheiligtum wollte man lieber unter sich und mit sich als seinem Herrn allein sein. Das aber mußte notwendig schiefgehen, wo der Herr selbst für den Menschen eintreten, sich für ihn verströmen (vgl. 14,24) und dafür Sorge tragen wollte, daß er frei vor ihm und für ihn lebe (vgl. 1,23–27.30–34.40–45; 2,1 ff u.v.a.).

Den Verantwortlichen am Tempel kam Jesu Vorgehen natürlich zu Ohren. Damals, als gehandelt hätte werden müssen, waren sie verhindert, wahrscheinlich aus dienstlichen Gründen, als Jesus sich im Tempel Luft verschaffte, weit und breit nicht zu sehen. Und auch jetzt sind sie leider nur eben aufgeschreckt. Und sie „trachteten danach, wie sie ihn unschädlich machten. Sie fürchteten ihn nämlich, denn alles Volk war außer sich über seine Lehre … Während er sich im Tempel aufhält, kommen die Oberpriester, die Schriftgelehrten und die Ältesten zu ihm. Die sprachen zu ihm: ‚In welcher Vollmacht tust du dies?'"

Merkwürdig, daß die Hauptverantwortlichen für das Opfer nicht aus dem Tempel getrieben werden, sondern nun ihrerseits zum Zuge kommen können. Nicht nur das Volk ist außer sich, auch sie sind äußerst besorgt. Am nächsten Tag passen sie ihn, wie er frei im Tempel umhergeht, ab: Wer hat dir die Vollmacht gegeben, hier im Hause des Herrn derart aufzutreten, die Tempelbesucher zu verunsichern und den ständigen Opferdienst unmöglich zu machen? Wie kommst du dazu, Prophetenwort in deinen Mund zu nehmen und uns vorzuwerfen, wir hätten den Tempel des Herrn zur Räuberhöhle gemacht? Wie kannst du es wagen, in diesen altehrwürdigen Hallen so auf den Putz zu hauen?

Die Frage, die sie auf dem Herzen haben, ist berechtigt. Jeder würde so fragen, in dessen Verantwortungsbereich ein anderer eingriff. Bevor Jesus auf ihre Frage eingeht, hat auch er eine Frage auf dem Herzen: Wurde der Ruf des Johannes, auf die Nähe der Gottesherrschaft hin umzukehren und sich taufen zu lassen, im Auftrag Gottes laut oder im Namen dieses Menschen?

Erinnern wir uns, Jesus selbst hatte jenen Ruf vernommen und sich daraufhin taufen lassen. Er selbst hatte den Ruf des Täufers aufgenommen: „Die Zeit ist erfüllt, nahe die Herrschaft Gottes. Kehrt um und unterwerft euch der guten Nachricht" (1,9–11.14f)!

Auf Jesu Frage setzt ein eigentümliches Grübeln ein. Sagen wir dies, oder sagen wir lieber das? Sagen wir, von Gott, wird er fragen, wieso habt ihr dann nicht gehört. Sagen wir, von Menschen, dann kriegen wir es mit denen zu tun, die den Ruf des Johannes als Gottes Ruf vernahmen und sich taufen ließen. Am besten wird sein, wir stellen uns dumm: „Wir wissen es nicht." Jesu Antwort darauf: „Auch ich sage euch nicht, in welcher Vollmacht ich dies tue."

Es hätte wohl keinen Sinn, Leuten zu antworten, die ihm gerade eben zu verstehen gaben, daß sie zwischen göttlicher Vollmacht und menschlicher Anmaßung nicht zu unterscheiden wüßten und, nach allen Seiten Rücksicht nehmend, auch nicht unterscheiden wollten, bzw. nur insoweit unterscheiden würden, daß stets ein Türchen für sie selber offen bliebe. Doch das ändert nichts daran, daß er selbst sich ihnen nunmehr nahelegt. Diese für das Opfer verantwortlichen Diener werden, nachdem alle Opferverkäufer und -käufer weggejagt sind, selbst mit Hand anlegen und auf ihre Weise mit dafür sorgen, daß das Haus des Herrn ein Haus des Gebets wird allen Völkern.

Salbung in Bethanien

Markus 14,3–9

3 Als er in Bethanien
in dem Haus Simons des Aussätzigen weilte,
kam, während er zu Tische lag,
eine Frau mit einem Alabasterfläschchen,
(gefüllt) mit kostbarem Öl aus echter Narde.
Sie zerbrach das Alabasterfläschchen
und begoß sein Haupt.
4 Es waren aber einige,
die äußerten untereinander ihren Unwillen:
„Wozu ist dies Salböl vergeudet worden
(vgl. 15,34)?
5 Dieses Öl hätte doch
für mehr als dreihundert Denare verkauft
und (der Erlös) den Armen gegeben werden können"
(vgl. 10,21; 12,42f)!
Und sie fauchten sie an.
6 Jesus aber sagte:
„Laßt sie!
Was beschwert ihr sie?
Sie hat ein gutes Werk an mir getan.
7 Denn die Armen habt ihr allezeit bei euch,
und wenn ihr wollt,
könnt ihr ihnen Gutes tun.
Mich aber habt ihr nicht allezeit.
8 Was sie vermochte,
hat sie getan:
Sie hat die Salbung meines Leibes
zum Begräbnis vorweggenommen.

9 Amen, ich sage euch:
Wo immer in der ganzen Welt das Evangelium verkündet wird,
wird auch zu ihrem Gedächtnis erzählt werden,
was sie getan hat."

Die Erzählung von der Salbung Jesu in Bethanien, einem Dorf nahe Jerusalem, ist zwischen zwei knappen Notizen eingebettet. Unmittelbar zuvor wird von der Absicht „der Oberpriester und Schriftgelehrten" berichtet, Jesus „mit List zu ergreifen und zu töten" (14,1 f). Gleich danach wird geschildert, wie „Judas Iskariot, einer der Zwölf", aus eigenem Antrieb „zu den Oberpriestern ging", um sich mit jenen über Jesu Auslieferung an sie zu besprechen (14,10f). Da also werden schon Nägel mit Köpfen gemacht, während Jesus in seinem Quartier vor der Stadt in Bethanien, im „Haus Simons des Aussätzigen", mit ein paar Leuten (Jüngern?) zu Tische liegt. Merkwürdig, daß er bei jemandem mit einem solchen Ruf eingekehrt ist.

Beim gemeinsamen Mahl in Bethanien tritt überraschend eine Frau herzu, verliert kein Wort, geht zu Jesus hin und zerbricht ein Alabasterfläschchen mit Nardenöl über seinem Haupt. Narde ist ein ostasiatisches (indisches?) Gewächs, aus dessen Wurzel jenes kostbare Öl gewonnen wurde. Wir erfahren nichts über die Beweggründe der Frau. Sie erklärt sich nicht. Auch ihr Tun erklärt sie nicht. Sie bleibt stumm wie ein Fisch bis zum Schluß. Nicht einmal ihr Name wird uns mitgeteilt, obwohl ihrer doch gedacht werden soll. Der Evangelist berichtet lediglich, was sie getan hat. Nur ihre Tat spricht, spricht wortlos für sich.

Dafür reden die Tischgenossen um so mehr. Das Verhalten dieser Frau finden sie einfach unerhört. Einige werden deutlich. Ihnen fiel auf, wie kostbar das Öl ist, das sie auf sein Haupt ausgoß. Dreihundert Denare, das sind dreihundert Tagessätze eines Arbeiters! Man hätte es für mehr als dreihundert Denare verkaufen und den Erlös den Armen geben können. Wieviel hungrige Mäuler hätte man damit stopfen und wirksam Hilfe, echte Hilfe leisten können! Was für eine Verschwendung! Für kostspieliges Öl geben die Leute Geld aus, statt es Bedürftigen zur Verfügung zu stellen! So äußern sie sich. Nicht aus bösen, nein, aus guten Gründen wurden sie auf jene Frau böse. Man hätte etwas Sinnvolleres damit anfangen können als das. Schade drum, das Öl ist hin. „Und sie fauchten sie an."

Bis hierher hat auch Jesus noch kein Wort verloren. Nun erst ergreift er Partei. Erstaunlicherweise nicht für die so sehr viel einleuchtenderen Argumente seiner Tischgenossen. Er stellt sich schützend vor jene Frau und fragt die Anwesenden, wie sie dazu kommen, sie zu beschweren. Sie habe ja doch ein gutes Werk getan, und sie habe es ihm getan. Die Armen hätten sie allezeit bei sich, und wenn sie wollten, könnten sie ihnen Gutes tun. Ihn aber hätten sie nicht allezeit.

Eine verblüffende Antwort. Jesus sagt, die Frau habe ein gutes Werk getan. Sie hat es an mir für mich getan. Sie hat nicht im Allgemeinen an alle Armen gedacht und ihren Überfluß gerecht unter sie aufgeteilt (oder noch lieber gar nichts getan). Sie hat nicht überlegt, was man alles tun könnte und tun müßte, insbesondere mit fremdem Eigentum, sondern sie hat offenbar ohne solche Überlegungen gehandelt. Sie hat an mich gedacht und sich für mich Armen verschwendet. Die Armen habt ihr allezeit unter euch. Wer oder was hindert euch, ihnen Gutes zu tun? Den Armen jedoch, den einen, dem man sich zur rechten Zeit nur ungeteilt und nach bestem Vermögen zuwenden kann, habt ihr nicht allezeit bei euch. Was beschwert ihr sie, die so an mir getan hat?

Jesus geht sogar noch einen Schritt weiter. Diese Frau habe nicht nur ungeteilt und mit verschwenderischer Hingabe ein gutes Werk an ihm getan, sondern habe ganz recht an ihm getan. Hat sie ihn mit ihrem kostbaren Freudenöl nicht gesalbt, wie man einen König salbt (vgl. 1Sam 10,1; 16,1–13; 1Kön 1,38–40; 2Kön 9,1–13)? Das Beste war ihr gerade gut genug für ihn. Nicht in einem Palast unter lauter Edlen, sondern in seinem Quartier, im Haus Simons des Aussätzigen, hat sie ihrer überschwenglichen Freude über ihn Ausdruck gegeben. Sie hat getan, was sie zu tun vermochte: „Sie hat die Salbung meines Leibes zum Begräbnis vorweggenommen."

Das Öl der Nardenwurzel ist ein Öl, mit welchem, wenn man es sich leisten konnte, auch Tote einbalsamiert wurden. Es fand auch zum Begräbnis eines Toten Verwendung. Darauf war die Tischgesellschaft nicht gekommen. Ihr war der Preis des Salböls vor Augen, und was man, wenn man es auf dem Markt verkaufte, mit dem Erlös hätte anfangen können. Niemandem aber war auch nur von ferne in den Sinn gekommen, sie säßen mit einem bald schon Toten bei dessen Begräbnismahl zusammen und wären soeben die Zeugen seiner vorweggenommenen Totensalbung geworden. Niemandem war auch nur von ferne der Gedanke gekommen, jene Frau hätte Jesus gerade daraufhin gut getan und ihm den rechten Liebesdienst erwiesen. Hatte ihr das den Mund verschlossen? Hat nur einer dafür Worte? – Sie hat getan, was sie zu tun vermochte. Sie hat getan, was in meiner Lage getan werden mußte: Die Salbung meines Leibes zum Begrabenwerden. Es ehrt sie, daß sie gerade das an mir getan hat.

Mit diesem Jesuswort endet die Erzählung. Es versteht sich von selbst, daß all jene, die sie auszulegen haben, sich schwer mit ihr tun. Wie könnte es anders sein? Wußte denn jene Namenlose, was sie tat? Sollte sie die ungeheuerliche Geschmacklosigkeit besessen haben, einen noch Lebenden zum Begräbnis gesalbt zu haben? Andererseits, wie könnte ihr Tun gelobt, wie ihres Tuns in aller Welt gedacht werden, wenn sie nicht gewußt hätte, was sie tat?

Was also wußte diese Frau von Jesus, das die anderen nicht wußten und nicht einmal ahnten? Woran sahen diejenigen, die mit Jesus zu Tische lagen und gegen sie für all die Armen Einspruch einlegen zu müssen meinten, vorbei? Doch nicht nur an dem Tun der Frau, gegen das sie lauthals protestierten, sondern offenbar auch an jenem, dem ihr Tun galt, an Jesus selbst. Ist es möglich, daß man mit den besten Absichten und den einleuchtendsten Gründen von Jesus absehen, im Namen aller Armen von ihm wegblicken kann? In Jerusalem gegenüber sieht man im Interesse der eigenen Sicherheit von ihm ab und plant seine Ausschaltung. Sehr weit liegt das alles nicht auseinander.

Was wußte diese Frau von ihm, daß sie ihm wohltun konnte und wohlgetan hat? Wußte sie, daß der Ärmste sterben, und zwar mit göttlicher Notwendigkeit sterben müsse? Wußte sie, daß er sich ungeteilt einem jeden Unreinen und also allen zur Gottesgemeinschaft Untauglichen hingeben müsse, da sie ihm, dem Bilde Gottes, so wenig entsprechen? Wußte sie, daß er dahin kommen müsse, ohne sie zu beschämen oder zu beschweren, damit jene zu ihm kämen? Wußte sie, daß er sich dafür verwenden, ja verschwenden würde, daß der alte Mensch erledigt, nicht durch uns, sondern durch ihn selbst zu Ende getragen und alsdann begraben werden müsse? Wußte sie, daß sie ihm darin recht zu geben hatte und mit sprachloser Geste ja auch gab, damit er es mit den Unreinen recht mache? Woher wußte sie das alles, und zwar in auffälligem Kontrast zu jenen drei mit Namen genannten Frauen, die ein paar Tage später zur Salbung des toten und bereits begrabenen Jesus aufbrechen und nur noch zu spät kommen würden (Mk 16,1 ff)?

Fragen über Fragen. Sie wußte es eben. Hätte sie es nicht gewußt, wäre sie nicht gekommen, um ihn bei den Unreinen draußen vor der Stadt wortlos zum Begräbnis zu salben. Daß er dorthin müsse, wußte sie aus Jesu Mund wie alle anderen auch (8,31–33; 9,30–32; 10,32–34). Und doch wußte sie es anders als alle anderen. Deren Äußerungen verrieten in der Regel nur ihren Protest, ihr Unverständnis, ihre Scheu und ihr Entsetzen, ihre Blindheit, nicht jedoch ihre Freude.

Wo auch immer in der Welt das Evangelium von unserem Ende in Jesus Christus und unserem Neuanfang in ihm verkündet wird, da wird auch des verschwenderischen Liebesdienstes jener unbekannten Frau, die zur rechten Zeit das Rechte tat, froh und dankbar zu gedenken sein.

Herrenmahl

Markus 14,17–25

17 Und als es Abend geworden war,
kommt er mit den Zwölfen.
18 Während sie zu Tisch liegen und essen,
sagte Jesus:
„Amen, ich sage euch:
Einer von euch wird mich ausliefern
(vgl. 3,19; 9,31; 10,33; 14,10f.21.41f.44; 15,1.10.15) –
der mit mir *ißt*"
(Ps 41,10)!
19 Da wurden sie traurig
und sprachen einer nach dem andern zu ihm:
„Etwa ich?"
20 Er aber sagte ihnen:
„Einer der Zwölf,
der mit mir in die[selbe] Schüssel tunkt!
21 Der Menschensohn geht zwar hin
(vgl. Mk 2,10.28; 8,31.38; 9,9.12.31; 10,31.45; 13,26.32; 14,41.62),
wie über ihn geschrieben steht.
Wehe aber jenem Menschen,
durch den der Menschensohn ausgeliefert wird!
Besser für ihn, jener Mensch wäre nicht geboren"
(vgl. Hiob 3,3–7; Hen 38,2; 4Esr 4,12; ApkBar 10,6; Mt 26,24)!

22 Und während sie essen,
nahm er Brot,
brach es,
nachdem er das Segensgebet gesprochen hatte,
gab es ihnen
(vgl. Mk 6,41; 8,6)
und sagte:

„Nehmt,
dies ist mein Leib!"
23 Und er nahm einen Becher,
gab ihnen den nach dem Lobspruch,
und sie tranken alle daraus.
24 Und er sagte ihnen:
„Dies ist mein *Blut des Bundes*
das vergossen wird für viele
(Ex 24,8).
25 Amen, ich sage euch:
Ich werde gewiß nicht mehr
vom Gewächs des Weinstocks trinken
bis zu jenem Tag,
da ich von neuem davon trinken werde
in der Herrschaft Gottes"
(vgl. Mk 1,15; 3,24; 4,11.26ff.30ff; 9,1.47; 10,14f.23–25; 12,34; 15,43).

Das also ist das Mahl des Herrn: Da findet sich ein Raum, in dem Jesus Christus mit uns zu Tische sitzen will. Da erfüllt sich die Zeit, wie sich ein Teller und ein Becher füllt, weil er sich für uns Zeit nimmt. Er nimmt das Brot, dankt, bricht es und reicht es uns dar. So macht er uns zu seinen Tischgenossen. Er nimmt den Becher, sagt den Lobspruch und reicht uns den Becher. So bezieht er uns in das Ende und in den neuen Anfang seiner Geschichte ein. Er ergreift das Wort und redet mit uns. So werden wir seine Gesprächspartner.

Was ist das für ein Raum und was für eine Zeit, worin er so mit uns anfängt? Einer von euch wird mich verraten! Etwa ich? Einer von euch wird seine Bekanntschaft mit mir leugnen! Etwa ich? Ihr werdet alle an mir anstoßen! Wir alle?

Das sollte doch zu verhindern sein! Also ich würde mich mit solch zwielichtigen Gestalten gar nicht erst an einen Tisch setzen. Säße ich bereits dort, man kann schließlich nicht alle kennen, würde ich schon dafür sorgen, daß der Verräter verraten und aus der Runde entfernt wird. Man muß doch offen über alles diskutieren können, um sich abzusichern und Vorsichtsmaßnahmen zu ergreifen. Was nützt der Fluch über den Handlanger des Todes, wenn sein schändliches Treiben nicht aufgehalten wird? Oder bin etwa ich jener Handlanger? Könnte ich es sein? Um meinetwillen braucht doch keiner zu sterben! Oder habe ich mich damit schon verraten, meine Bekanntschaft mit Christus und seinen Geschwistern geleugnet, denen er zuvorkommend das Brot und seinen Becher reicht, während ich über Vorsichtsmaßnahmen nachdenke? Der spinnt doch, ungeschützt solche Leute zu bewirten und zu sagen, daß Gott so durch ihn den neuen Bund aufrichten und in Kraft setzen wird. Ärgerlich, wie er sich alles gefallen läßt, um nichts anderes zu tun, als jedem das Brot und den Becher zu reichen. Der verliert. Mit dem ist kein Staat zu machen und kein Blumentopf zu gewinnen. Der geht drauf. Der geht zum Teufel.

Das also, liebe Freunde, ist das Mahl des Herrn: Da findet sich wunderbarerweise doch noch ein Raum, in dem der Herr mit uns zu Tische sitzt und das Tischtuch nicht zerschneidet. Da erfüllt sich alle Zeit, wie sich ein Teller und ein Becher füllt, weil er sich für uns Zeit nimmt. Er nimmt das Brot, dankt, bricht es und reicht es uns dar. So sind wir seine Tischgenossen. Er nimmt den Becher, sagt den Lobspruch und reicht uns den Becher. So bezieht er uns in das Ende und in den neuen Anfang seiner Geschichte ein. Er ergreift das Wort und redet mit uns.

Was ist das für ein Herr, dem Raum und Zeit gehören, der in unsere Geschichte eintritt und sie für seine Geschichte aufschließt? Was ist das für ein Herr, der sich von seinen Feinden verwunden läßt und gerade so gewinnt? Wer ist so stark, daß er so schwach sein kann? Das ist Jesus Christus, unser gewinnender Herr, der ein starkes Kreuz hat. Der lädt uns ein, uns sein Brot schmecken zu lassen und seinen Becher zu trinken.

Verändert das Mahl des Herrn Menschen? Hat das Mahl mit Jesus Judas umgekehrt? Hat es Petrus verändert? Alle übrigen? Ein Zaubermahl ist es wohl nicht. Denn einer, frisch gestärkt durchs Sakrament, unternahm hernach das, was er für richtig hielt und was ihm das Vernünftigste schien. Petrus wurde nicht ein Herkules, auch wenn er gehofft haben mag, einer zu sein. Die Geschichte nimmt ihren Lauf, als hätten sie nicht am Tisch des Herrn gesessen und sich von ihm bewirten lassen. Warum saßen sie dann dort, wenn seine Gastfreundlichkeit am Ende nur das wahr werden ließ, daß er unser hartes Brot aß und unsern elenden Kelch bis zur Neige austrank?

Sie saßen dort, weil Jesus Christus in seiner Gastfreundlichkeit eben so weit gehen wollte und ging, daß es einem die Sprache verschlägt. Er wollte nicht eine Handvoll der edelsten Vertreter der Menschheit um sich sammeln, um mit ihnen auszuwandern und der Welt Lebewohl zu sagen, er wollte vielmehr das so erschreckend normale, Gott verratende, sich selbst als Mensch und Mitmensch verleugnende, elende menschliche Dasein und Dransein annehmen und es in seinem Sterben sterben lassen. Er wollte es genau so annehmen, wie es ist. Er wollte Judas haben und Petrus, dich und mich und alle übrigen. In seinem Sterben ist es gestorben.

Das also, liebe Geschwister, ist das Mahl des Herrn: Da findet sich wirklich ein Raum für jeden von uns, in dem der Herr mit uns zu Tische sitzt. Da erfüllt sich für uns alle Zeit, wie sich ein Teller und ein Becher füllt, weil er sich für uns Zeit nimmt. Der das Kreuz auf sich nehmende Jesus nimmt das Brot, dankt, bricht es und reicht es uns dar. Seine Gäste sind wir. Er nimmt den Becher, sagt den Lobspruch und reicht uns den Becher. In das Ende und die Wende seiner Geschichte sind wir einbezogen. Er ergreift das Wort und redet mit uns: Kommt, es ist alles bereit!

Verändert das Mahl mit diesem Herrn Menschen? Haben wir Grund, darauf zu hoffen? Schon ein flüchtiger Blick auf unsere Geschichte möchte einen dann doch verstummen lassen. Petrus versagt, und auf diesen Versager ist die Kirche gebaut. Wo bleiben die Gebrüder Judas und Eichmann & Co.? Wer setzt sich mit randalierenden Skins an einen Tisch oder demonstriert für ihre Menschenwürde? Kehrt das Mahl, zu dem dieser Herr einlädt, auch nur einen einzigen um? Ja, ich glaube, daß dies geschieht. Ich glaube, daß der Teufelskreis gesprengt ist, und daß der Mensch am Tisch des Herrn zu sich selber kommen darf und kommen wird.

Jesu Gebet in Gethsemane

Markus 14,32–42

32 Sie kommen an einen Ort mit Namen Gethsemane,
und er spricht zu seinen Jüngern:
„Laßt euch hier nieder,
bis ich gebetet habe!"
33 Und er nimmt
den Petrus,
den Jakobus
und den Johannes mit sich,
und er begann
sich zu entsetzen und zu grausen
34 und spricht zu ihnen:
„*Meine Seele ist* zu Tode *betrübt*
(Ps 42,6.12; 43,5; vgl. Mk 6,26).
Bleibt hier und wachet!"

35 Und er ging ein Stück,
fiel auf die Erde nieder
und betete, daß, wenn es möglich sei,
die Stunde an ihm vorüberginge.
36 Und er sagte:
„Abba, Vater,
alles ist dir möglich.
Nimm diesen Kelch von mir fort!
Aber nicht, was ich will (geschehe),
sondern was du willst!"
37 Und er kommt,
findet sie schlafend
und spricht zu Petrus:
„Simon,
du schläfst?
Kannst du nicht einmal eine Stunde wachen?

38 Wacht und betet,
damit ihr nicht der Verzweiflung verfallt!
Der Geist ist zwar willig,
aber das Fleisch schwach."

39 Und er ging wieder fort
und betete mit denselben Worten.
40 Als er zurückkam,
fand er sie schlafend,
denn die Augen waren ihnen schwer geworden,
und sie wußten nicht,
was sie ihm antworten sollten.

41 Und er kommt zum dritten Mal
und spricht zu ihnen:
„Schlaft nur weiter
und ruht euch aus!
Es ist vorbei.
Die Stunde ist gekommen.
Siehe, der Menschensohn
(vgl. 14,21.62)
wird in die Hände der Sünder ausgeliefert.
42 Steht auf,
laßt uns gehen!
Siehe, der mich ausliefert,
ist nahe."

Nach dem letzten Mahl mit seinen Jüngern geht Jesus mit ihnen an einen Ort mit Namen Gethsemane (Ölkelter). Sie alle hatten ihm versichert, ihn unter keinen Umständen zu verlassen, lieber mit ihm sterben zu wollen, als sich von ihm loszusagen (14,31).

Die Zeit wird knapp. Nicht lange, dann wird Jesus verhaftet werden. „Laßt euch hier nieder, bis ich gebetet habe!" sagt er zu seinen Begleitern. Drei von ihnen, den Petrus, den Jakobus und den Johannes, nimmt er mit. Die werden Zeuge, wie Jesus vor der Auslieferung in die Hände derer, die ihn beseitigen wollen, zutiefst erschrickt und sich zu grausen beginnt.

Die große Anfechtung ist gekommen, und Jesus ist der Verzweiflung, wirklicher Verzweiflung nahe angesichts dessen, was er auf sich zukommen sieht. Er ist „zu Tode betrübt." Nein, so spricht keiner der uns bekannten Helden. Ein heiliger Krieger wäre jetzt dabei, sich seelenruhig die Bombe anzulegen, um sich inmitten seiner Feinde mit einem großen Knall ins Paradies zu sprengen! Ein Märtyrer würde jubeln, für seine Sache nicht nur leben, sondern nun auch sterben und der Nachwelt ein glühend Beispiel hinterlassen zu dürfen, seinen Feinden zum Trotz. Und einer, den weder Tod noch Leben schrecken, der würde jetzt in heiterer Gelassenheit von seinen Freunden Abschied nehmen, was sage ich, Abschied feiern! Wachen und Beten, nun ja, das könnte, aber das müßte nicht sein.

„Meine Seele ist zu Tode betrübt. Bleibt hier und wachet!" sagt Jesus nicht Gott, sondern seinen Vertrauten. Er möchte sie durchaus in seiner Nähe und jetzt ganz wach haben. Ein wenig abseits fällt er dann auf die Erde nieder und betet, daß die gekommene Stunde an ihm vorübergehe, und er den Leidenskelch nicht trinken müsse.

Wer hätte auch nur von ferne gedacht, daß er, ausgerechnet er betrübt sein und zitternd Gott um Schonung bitten würde? Was nur sieht Jesus auf sich zukommen? Leiden, Sterben, Tod? Ja, das auch. Verrat, Hohn und Spott? Ja, das auch. Aber das ist es nicht, was ihn an den Rand der Verzweiflung treibt. Er sieht etwas viel Schlimmeres, ja das Schlimmste auf sich zukommen. Er sieht es kommen, daß Gott ihn verläßt. Ob seine Jünger zu ihm halten werden, das scheint hier noch in Frage zu stehen. Die Haltlosen aber wird Gott nicht länger aufhalten. Er will es sogar, daß sie gegen ihn, der ihm aus freien Stücken treu sein wollte und treu war, todbringend nun zum Zuge kommen. Bis zu seinem letzten Augenblick würde er sie über sich triumphieren sehen, ohne Aussicht auf Erfolg auslöffeln dürfen, was sie ihm eingebrockt hätten, und bei alledem, als wäre er mit dem Teufel im Bunde, Gott nicht für, sondern ganz und gar gegen sich haben. Und davor graust es ihm. Dieses Entsetzliche, das sein Vater ihm angetan, zugunsten seiner Feinde an ihm und mit ihm vernichtet haben will, ist nicht wie ein Schicksal über ihn verhängt. Jesus ist kein Werkzeug. Wäre er nur ein seelenloses Werkzeug, so wäre sein Einverständnis nicht vonnöten, und er brauchte dann auch weder zu wachen noch zu beten.

Er betet nun aber so, daß er sich dem Willen seines Vaters, vor dem er sich zu Recht entsetzt, vorbehaltlos hingibt: „Aber nicht (geschehe), was ich will, sondern was du willst!"

Mit der Bitte um Schonung rebelliert er nicht gegen Gott. Er betet nicht unverschämt, tritt mit seiner Bitte Gott nicht zu nahe, hat keine bessere Idee. Sein Vater, dem alles möglich ist, der könnte durchaus eine andere Möglichkeit ersehen haben als jene, die sich jetzt ankündigt mit Macht.

Also kein Gedanke, daß Jesus schwach geworden wäre oder resigniert hätte. Kein Gedanke, daß er sich in sein Schicksal nur noch fallen ließe und sich nun aufs Beten verlegte. Im Gegenteil! Indem er sich sehenden Auges in Gottes Hand gibt und zu dessen ihm so furchtbar zugemuteten Nein nicht Nein, sondern Ja sagt, wenn es denn Gottes Wille ist, bereits Ja gesagt hat, besteht er die Anfechtung. So übermannt sie ihn nicht. So vermag sie ihn nicht zu zermürben. Und so würde sie auch seine Jünger nicht zermürben. Freilich, er gibt sich da in eines Hand, der ihn nach seinem Willen fallen lassen will. Nur so ist sein Gebet, das ohne Antwort bleibt, erhört.

Darauf kommt er und findet die Jünger, drei Schlafmützen im Garten. Und er sagt erstaunt und wohl auch vorwurfsvoll zu Petrus: „Simon, du schläfst? Kannst du nicht einmal eine Stunde wachen?" Und zu ihnen allen: „Wacht und betet, damit ihr nicht der Verzweiflung verfallt! Der Geist ist zwar willig, aber das Fleisch schwach."

Auch hier müssen wir gut zuhören, was Jesus von seinen Jüngern erwartet, wozu er sie zum zweiten Mal und nun direkt auffordert. Er erwartet nicht von ihnen, daß sie ihn bei seinem Gebet unterstützen oder für ihn beten. Sie sollen auch nicht Schmiere stehen, um sein Beten vor ungebetenen Störenfrieden abzuschirmen oder um ihm rechtzeitig den Anmarsch der Tempelpolizei zu melden. Nein, sie sollen – um der Schwäche des Fleisches willen – wachen und beten, daß sie nicht selbst der Verzweiflung verfallen! Denn davon, was da auf ihn zukommt und ihm so sehr zusetzt, sind sie als seine Jünger mitbetroffen. Es läßt sich nicht vermeiden, wenn sie seine Jünger sind. Und sie sind doch seine Jünger! So stehen sie vor einer ganz ähnlichen Frage wie er: Ob es ihnen gegeben sei, ihren Kopf für ihn bzw. mit ihm hinzuhalten und sich zu einem zu bekennen, der den Gottlosen ausgeliefert werden soll. Rote Teppiche werden ihnen nirgendwo ausgerollt werden, Lorbeeren wird es nicht zu ernten geben. Angesichts dieser Lage sollen sie mit ihm wachen und beten. Geistliche Übungen oder auch eine Gebetstechnik helfen nicht weiter. Käme es nun doch auch für sie darauf an, ihr bedrohtes Leben Gott anheimzustellen, um gerüstet zu sein und die Anfechtung zu bestehen.

„Und er ging wieder fort und betete mit denselben Worten. Als er zurückkommt, findet er sie schlafend, denn die Augen waren ihnen schwer, und sie konnten ihm nichts antworten."

So wacht die Kirche! Ihre Helden sind nicht imstande, jener furchtbar hereinbrechenden Nacht entgegen, in ihr Gott entgegen zu sehen, geschweige zu beten. Sie werden müde und schlafen ein. Sie verschlafen ihre Anfechtung, statt sie zu bestehen. Noch ehe es ernst wird, werden sie wie aufgescheuchte Hühner auseinanderlaufen. Was wissen sie schon von den Leiden ihres Herrn, den sie nicht verlassen wollten? „Und sie konnten ihm nichts antworten." Das wissen sie. Sie wissen, daß sie darauf keine Antwort haben. Sie wissen, daß *er* kommen und sie wieder und wieder wecken muß, damit sie seine Jünger sein können.

Beim dritten Mal sagt er ihnen: „Schlaft nur weiter und ruht euch aus! Es ist vorbei. Die Stunde ist gekommen. Der Menschensohn wird in die Hände der Sünder ausgeliefert."

Schlaft nur weiter, meine Lieben! Fast heiter klingt es und ein wenig spöttisch. Würdet ihr doch nicht so schläfrig sein, ihr würdet erkennen, daß die eine große Anfechtung bestanden ist und euch nur noch als eine bereits bestandene anfechten kann. Wäret ihr nicht gar so schläfrig, ihr würdet euch dessen freuen. Aber nun steht auf und laßt uns endlich gehen, der, der mich ausliefert, ist nahe!

„Die Zeit ist erfüllt, nahe die Herrschaft Gottes. Kehrt um und unterwerft euch der guten Nachricht" (1,15)! Mit diesem Ruf war Jesus einst aufgebrochen. Sie kommt nun nahe herbei, und zwar, indem sich sein Auslieferer naht.

Gefangennahme

Markus 14,43–52

43 Sogleich,
noch während er redete,
kommt Judas herbei,
einer der Zwölf,
und mit ihm eine Menge von den Oberpriestern,
Schriftgelehrten und Ältesten
mit Schwertern und Knüppeln.
44 Sein Überlieferer aber hatte ihnen den Hinweis gegeben:
„Wen ich küssen werde,
der ist es!
Verhaftet ihn und führt ihn sicher ab!"
45 Und als er kam,
trat er sofort an ihn heran
und spricht:
„Rabbi (Mein Herr)!"
Und dabei *küß*te er *ihn*
(2Sam 20,9).
46 Jene aber legten Hand an ihn
und verhafteten ihn.

47 Einer aber von denen,
die dabeistanden,
zog das Schwert,
schlug nach dem Sklaven des Hohenpriesters
und hieb ihm das Ohr ab.

48 Und Jesus antwortete
und sagte zu ihnen:
„Wie gegen einen Räuber seid ihr
mit Schwertern und Knüppeln ausgezogen,
um mich gefangen zu nehmen.

49 Tag für Tag war ich bei euch im Tempel
und habe gelehrt,
und ihr habt mich nicht verhaftet!
Aber (dies geschieht,)
damit die Schriften erfüllt werden."

50 Da verließen sie (die Jünger) ihn und flohen alle.
51 Ein Jüngling war ihm gefolgt,
der trug ein Linnen auf bloßer Haut.
Als sie nach ihm griffen,
52 ließ er das Linnen fahren
und entfloh *nackt*
(Am 2,16; vgl. 2Makk 11,11 f; TestJos 8,2–4).

Jesus wird verhaftet. Die oberste jüdische Gerichts- und Verwaltungsbehörde in Jerusalem hatte die Tempelpolizei beauftragt, ihn zu ergreifen, um ihn vorführen zu lassen (Mk 11,18; 14,1 f.10 f). Zeit und Ort dafür sollten so gewählt sein, daß unter der Bevölkerung kein Aufruhr entsteht. Zu nächtlicher Stunde greift man im Garten Gethsemane zu.

An der Verhaftungserzählung sind mehrere Dinge auffällig. Einer der von Jesus selbst erwählten Jünger führt die Polizei an. Man wundert sich, wieso ausgerechnet Judas sie anführen und ihr den Christus mit einem Kuß zeigen muß. Jesus hatte doch öffentlich im Tempel gelehrt und dürfte der Polizei bestens bekannt gewesen sein. Da ist ferner von einem Dabeistehenden die Rede, der sich direkt einmischt, sein Schwert zieht und jemand das Ohr abschlägt. Man wundert sich, daß niemand darauf reagiert. Weder die Tempelpolizei noch Jesus selbst gehen auf den Anschlag ein. Wunderlich ist auch der Schluß der Erzählung. Wieso verlassen ihn alle Jünger, wenn doch nur Jesus verhaftet werden soll? Haben die Jünger um Leib und Leben zu fürchten? Was endlich hat es mit dem zweiten Namenlosen auf sich, jenem Jüngling, der sein Linnen fahren läßt, als man ihn zu greifen sucht, und nackt entflieht? Die Einzelheiten scheinen nicht richtig zueinander zu passen, wie die Steine eines Mosaiks nicht völlig zueinander passen. Die anderen Evangelisten haben das lange vor uns bemerkt und versucht, diese Unstimmigkeiten in ihren Schriften zu beseitigen.

Wir wollen Markus verstehen. Vermutlich kam es ihm nicht so sehr auf eine in sich glatte Erzählung, sondern eben auf diese Einzelheiten im Blick auf Jesus an. Jedes Steinchen, jedes Mosaikteil spricht für sich und fügt sich so, ohne daß die Übergänge fließend, die Unebenheiten beseitigt würden, in den Zusammenhang zu einem Gesamtbild ein.

Judas, einer der von Jesus selbst erwählten Zwölf, ist bei dessen Auslieferung behilflich. Mit einem Kuß erwies man besonders hochgestellten Persönlichkeiten seine Ehrerbietung. Unter dem Zeichen der Ehrerbietung geschieht der Verrat: So wie einst Joab, der Anführer der Soldaten des Königs David, den gefangenen Amasa küßte, um ihm dabei das Schwert in den Leib zu stoßen (2Sam 20,9f; vgl. Spr 27,6). Der heimtückische Jünger läßt die anderen zum Zuge kommen, ohne sich selber die Finger schmutzig zu machen. Sein Kuß ist nicht nur Zeichen für die Polizei, er ist doch auch sein eigenes Zeichen, unter dem er sich vor Jesus verbirgt und ihm seine wahre Absicht verschweigt. Das ist das erste Bild. Darauf steht: Heimlicher, heimtückischer Verrat eines Jüngers unter dem Zeichen der Ehrerbietung.

Ein Dabeistehender greift ein. Wir erfahren nicht warum und wozu. Ob er es selber weiß? Vielleicht ahnt er ja, was da für ein übles Spiel gespielt wird. Vielleicht mag er auch nur die Tempelpolizei nicht leiden, vielleicht möchte er bloß sein neues Schwert einmal ausprobieren. Es kann tausend Gründe geben oder gar keinen Grund. Als die Fäden gesponnen wurden, war er jedenfalls nicht dabei. Er tritt von der Seite in die Geschichte ein. Sein Name spielt keine Rolle. Jeder X-Beliebige kann das sein. Er ist nur zur Stelle und mischt sich ein. Wie? Der Mann zieht sein Schwert und schlägt zu. Nach Judas schlägt er nicht, sondern nach einem der Knechte. Neue Tatsachen werden geschaffen, schmerzliche obendrein. Wo gehobelt wird, fallen Späne. Manchmal auch Ohren. Ob er den Sklaven des Hohenpriesters treffen wollte? Was kann der dafür? Der führt hier nur seinen Befehl aus. Der Mann mit dem Schwert ändert nichts, er gibt der Geschichte nur eine andere Richtung. Er schafft neues

Leid. Alles bleibt wie seit eh und je. Das ist das zweite Bild. Darauf steht: Offene, von außen sich einmischende Gewalt. Nicht mehr und nicht weniger, ob mit oder ohne Grund. Ihr Zeichen – das Schwert.

Die dritte und abschließende Variante ist die Flucht aus der Geschichte. Die Jünger machen sich aus dem Staub. Ob aus Angst oder um die Feuerwehr zu alarmieren, wer weiß. Jedenfalls greift die Geschichte nach ihnen in Gestalt einer drohenden Übermacht. Haben sie sich etwas vorzuwerfen? Was wird ihnen denn vorgeworfen? Im Garten Gethsemane ist auf einmal nicht länger gut Kirschen essen. Alle Selbstsicherheit ist dahin. Jesus hatte es ihnen sogar vorhergesagt, daß sie es mit ihm nicht aushalten würden (Mk 14,27 mit Sach 13,7!). Das erfüllt sich nun. Von der eigenen Courage behält nur das fahren gelassene Linnen das Feld. Der wie zufällig anwesende Jüngling rettet seine zarte Haut und flieht nackt (Am 2,16). Der Mann mit dem Schwert stieg von der Seite in die Geschichte ein, hier steigt man aus. Neue Probleme werden nicht geschaffen, man hält nicht einmal die alten aus. Der Gang der Ereignisse ändert sich, ohne daß sich Grundlegendes ändert. Jesus bleibt sich selbst überlassen und allein auf weiter Flur. Das ist das dritte Bild. Darauf steht: Flucht aus der Geschichte, Flucht vor ihrer drohenden Übermacht. Nicht mehr und nicht weniger, ob mit oder ohne Grund. Ihr Zeichen – das zurückgelassene Linnen.

Das alles spielt sich um Jesu Gefangennahme ab: Heimlicher Verrat im Zeichen der Ehrerbietung, offene Gewalt, wilde Flucht aus der Geschichte. Man darf sich nicht wundern, daß das nicht zueinander paßt. Es paßt ja auch nicht zueinander. Anlaß, Begleiterscheinung und die Folgen passen selten zueinander. Sie greifen ineinander, oft schlimmer, als einem lieb sein kann. Zum Schluß kommt heraus, was niemand gewollt hat. Mittendrin der gefangene Jesus, der sich gefangengebende Herr. Er nimmt den Kuß von Bruder Judas an, ergreift nicht das Schwert, macht sich bei dicker Luft nicht dünn. Er ergreift das Wort: „Wie gegen einen Räuber seid ihr mit Schwertern und Knüppeln ausgezogen, um mich gefangen zu nehmen. Tag für Tag war ich bei euch im Tempel und habe gelehrt, und ihr habt mich nicht verhaftet! Aber (dies geschieht,) damit die Schriften erfüllt werden."

Was uns Menschen gefangen nimmt und gefangen hält – Verrat, Gewalt und Flucht –, das muß heraus. Das kommt auch heraus, wo Jesus, der Sohn Gottes, sich gefangen geben, das alles auf sich selber nehmen möchte, um es in den Tod zu tragen und zu begraben. Was wir nicht zusammenbringen, weil es nicht zueinander paßt, das wird in seiner Hingabe erledigt und in seiner Erweckung aus den Toten neu, grundlegend neu. Von hier aus können wir verstehen, warum Judas Jesus unbedingt küssen muß. Mehr noch, wieso der Apostel Judas ihm gar noch einen Dienst damit erweist, daß er ihm die Tempelpolizei zuführt. Wohin denn sonst mit ihr! Wir können nun verstehen, warum Gewalt und Flucht ihn treffen müssen, warum wir unser Dunkel zu ihm hintragen und den Christus wie einen Räuber behandeln, warum die Schriften erfüllt werden müssen! Es soll zu ihm kommen, damit er es von uns auf sich selber nehme und erledige, wie die Schrift verheißt. Also hin damit und es ihm überlassen, daß es uns nicht länger binde und gefangen halte! Wenn der Herr sich uns gefangen gibt, kommen wir frei. Also hin damit und es ihm überlassen!

Jesus vor dem Hohen Rat

Markus 14,53–63

53 Und sie führten den Jesus zu dem Hohenpriester.
Da versammeln sich all die Oberpriester,
die Ältesten und die Schriftgelehrten.

54 Petrus aber war ihm von weitem gefolgt
bis hinein in den Hof des Hohenpriesters.
Dort saß er bei den Dienern
und wärmte sich am Feuer.

55 Die Oberpriester aber und der ganze Hohe Rat
suchten Zeugenaussagen gegen Jesus,
um ihn zum Tode verurteilen zu können
(vgl. Ps 37,12),
doch sie fanden keine.
56 Denn viele machten Falschaussagen über ihn
(vgl. Ps 27,12; 31,19; 109,2 ff),
aber die Aussagen stimmten nicht überein
(vgl. Dan 13,44 ff).
57 Da *erhoben sich* einige
und behaupteten lügnerisch gegen ihn
(Ps 35,11):
58 „Wir haben ihn sagen hören:
‚Ich werde diesen Tempel abreißen,
der mit Händen errichtet ist,
und in drei Tagen einen anderen erbauen,
der nicht mit Händen gemacht ist.'"
59 Doch auch dabei war ihre Aussage nicht (in sich) stimmig.
60 Da erhob sich der Hohepriester,
(trat) in die Mitte
und fragte Jesus:
„Du antwortest nichts?

(Hast du nicht gehört,)
was diese dir entgegenhalten?"
61 Er aber schwieg
und antwortete nichts
(vgl. Ps 38,13–15; Mk 10,48).
Wiederum befragte ihn der Hohepriester
und spricht zu ihm:
„Du bist der Christus
(vgl. 1,1; 8,29; 9,41; 12,35; 13,20–22; 15,32),
der Sohn des Gepriesenen"
(vgl. 1,1.11; 3,11; 5,7; 9,7; 12,6; 15,39)?
62 Jesus aber sagte:
„Ich bin es.
Ihr werdet sehen
*den Menschensohn sitz*end *zur Rechten* der Kraft
und *kommen*d mit *den Wolken des Himmels*"
(Ps 110,1; Dan 7,13; Hen 62,1–7;
Mk 8,38; 12,9–12.36; 13,24–27; 14,21.41; 16,7).
63 Da zerriß der Hohepriester seine Kleider
und spricht:
„Was brauchen wir noch Zeugen!
64 Ihr habt die Lästerung gehört.
Was ist eure Ansicht?"
Sie alle aber sprachen ihn des Todes schuldig.

65 Und einige begannen ihn anzu*speien*.
Dann verhüllten sie sein *Angesicht*,
schlugen ihn und forderten ihn dabei auf:
„Weissage!"
Und die Wache empfing ihn mit *Ohrfeigen*
(Jes 50,6).

Mitten in der Nacht tritt im Palast des großen Vorsitzenden der Hohe Rat zusammen, bestehend aus Oberpriestern, Ältesten und Schriftgelehrten (zumeist pharisäische Theologen und Juristen), um Jesus zu überführen. Ihre Anklagebegründung muß hieb- und stichfest sein, ehe sie ihn Pilatus überstellen. Das aber erweist sich als schwierig. So leicht findet man keine Zeugenaussagen, um Jesus „zum Tode verurteilen zu können." Es fanden sich freilich erschreckend viele, die falsche Angaben über ihn machten. Doch was fängt man damit an, wenn sie nicht einmal in ihrer Falschheit übereinstimmen? Sie sind wertlos.

In einem einzigen Punkt werden die gegen Jesus erhobenen falschen Anschuldigungen konkret. Da waren einige aufgestanden und hatten behauptet: „Wir haben ihn sagen hören: ‚Ich werde diesen Tempel abreißen, der mit Händen errichtet ist, und in drei Tagen einen anderen erbauen, der nicht mit Händen gemacht ist.'"

In der Tat, ihren Tempeldienst hatte Jesus vor kurzem aufs Korn genommen. Er hatte sie beschuldigt, daß sie den Zweck des Tempels verkannt, ihn seines Sinnes beraubt, das heißt, ihn zur „Räuberhöhle gemacht" hätten (Mk 11,17). Einigen seiner vertrauten Jünger hatte er rückblickend, *im Hinausgehen* aus dem Jerusalemer Tempel *begriffen,* allerdings geweissagt, daß daran kein Stein auf dem anderen bleiben würde (13,1 f). Doch vom Abriß des Tempels durch ihn war nie die Rede. Er selbst hatte keine Anstalten zu einem solchen Zerstörungswerk unternommen. Im Gegenteil, er hatte im Tempel gelehrt (14,49). Hatte er davon gesprochen, daß er, nachdem er den mit Händen errichteten Tempel zu Jerusalem abgerissen hätte, in drei Tagen einen ganz anderen, einen nicht mit Händen gemachten Tempel bauen würde? Es gab ja die Weissagung, daß der Messias, ein Sproß Davids, den (nicht mit sündigen Händen verunreinigten) Tempel der Endzeit bauen würde (2Sam 7,13; Sach 6,12; 4Qflor 1,1–13). Aber war das als ein titanischer Akt der Selbsthilfe gedacht (Mk 15,29 f)?

Der Erzähler bezeichnet den gegen Jesus erhobenen Vorwurf im Ganzen als eine erlogene Behauptung, so daß man ihm nicht mehr entnehmen kann als die vage Andeutung, Jesus habe einen Terroranschlag gegen den Tempel geplant, um in einem gewaltigen dreitägigen Kraftakt einen anderen an dessen Stelle zu setzen. Den Jerusalemer Tempeltheokraten mußte dies bedrohlich erscheinen, und das sollte es wohl auch.

Nun erst tritt der Hohepriester dem Beschuldigten persönlich entgegen, um ihn zu dem eben vorgetragenen Vorwurf zu befragen. Doch der äußert sich nicht dazu, so daß Eindeutigkeit nicht zu gewinnen ist.

Der Hohepriester kommt zur Person. Er nimmt einen ihm zu Ohren gekommenen Bekenntnissatz auf (vgl. 1,11; 8,29) und versieht ihn mit einem Fragezeichen: „Du bist der Christus, der Sohn des Gepriesenen?“ Nachdem Jesus diese eine Frage bejaht hat, läuft alles weitere wie geschmiert: „Was brauchen wir noch Zeugen! Ihr habt die Lästerung gehört. Was ist eure Ansicht?“ „Sie alle aber sprachen ihn des Todes schuldig.“ Denn wer seine Hände gegen Gott ausstreckt, sich gottgleiche Stellung oder Würde anmaßt, sich göttliche Kräfte zuschreibt, ein solcher Mensch ist des Todes schuldig (Lev 24,10ff; Num 15,30f; Dtn 21,22f).

Diese Erzählung vom nächtlichen Prozeß beim Hohen Rat muß zu denken geben. Historiker, die das seinerzeit geltende jüdische Prozeßrecht erforschten, machen darauf aufmerksam, daß Markus eine geradezu fantastische Geschichte bietet. So sei es sehr ungewöhnlich, daß die Verhandlung im Palast des Hohenpriesters geführt worden sein soll, noch dazu am ersten Tag des Passafestes. Gewöhnlich tagte das Gericht auch nicht am Abend, sondern am Morgen, und auch an einem anderen Ort. Sicher kaum im Beisein des gesamten 71köpfigen Hohen Rates. Nach jüdischem Recht war es verwerflich, wenn ein Gericht im Schnellverfahren auf die Hinrichtung des Angeklagten zusteuert, noch ehe die Beweisaufnahme begonnen hat. Eine kritische Einvernahme der Zeugen sei durchaus vorgeschrieben gewesen, Entlastungszeugen hätten zuerst gehört werden müssen. Außerdem wäre es befremdlich, daß der Rat lediglich aufgrund der schlichten Bestätigung Jesu, er sei „der Christus, der Sohn des Gepriesenen“, seinen Beschluß zur Anklageerhebung (Mk 15,1) gefaßt haben soll.

Da sitzt nun der christliche Gerichtsberichterstatter Markus bei den Historikern auf der Anklagebank und muß sich fragen lassen, ob er mit seiner Erzählung vom Zustandekommen des Anklagebeschlusses gegen Jesus nicht zu dick aufgetragen und bloß sein antijüdisches Vorurteil gepflegt habe.

Doch in dieser Geschichte geht es nicht um das im Fall Jesu so unglaublich gehandhabte jüdische Prozeßrecht. Es geht nicht um eine pauschale Verunglimpfung der Vertreter des Hohen Rates, als ob wir denken sollten, was für Halunken da am Werke waren! Es geht nicht einmal um die Frage, ob Jesus der Christus, der Sohn Gottes ist. Er ist es ja wirklich! Das ist die Ungeheuerlichkeit, die absurde Situation, von der Markus erzählen muß: Gottes Sohn (und damit Gott selbst) auf der Anklagebank. Der König Israels als Angeklagter vor dem Hohen Rat. Der wird vorgeführt, unmittelbar auf das Passamahl, dem wird in völlig vertauschten Rollen der Prozeß gemacht. Von diesem Skandal berichtet der Evangelist.

Von hier aus kann jeder verstehen, warum Markus erzählt, wie er erzählt. Es ist doch völlig klar, daß in diesem Prozeß, ob es nun historisch wahrscheinlich zu machen ist oder nicht (was vermögen Historiker schon wahrscheinlich zu machen?), alle Leute, die im Volke Gottes Rang und Namen haben, ihre Rolle spielen müssen, und zwar vom obersten Konsistorialbeamten bis zum kleinsten Ratsmitglied hinunter. Es ist klar, daß dieses feindselige Unternehmen der Repräsentanten Israels, ihres Herren Herr zu werden, nur im Dunkeln und nicht am hellichten Tag, wirklich nur im Eilverfahren und nicht über mehrere Tage hin stattfinden kann. Da kommt heraus, daß der ganze religiöse Betrieb, der da bei ihnen läuft, in nichts anderem besteht, als ihrem Gepriesenen aus dem Wege zu gehen, schlimmer noch, ihn unter Berufung auf sein Gesetz aus dem Wege zu räumen.

Wie wird er gehört? Was wird über ihn geredet? Wie rasch man doch mit ihm fertig ist, da man sich zum Beispiel dringend mit Tempelbau und Liturgiereform, mit der eigenen Präsenz in der Öffentlichkeit oder einmal mehr mit sich selbst zu beschäftigen habe. Jeder frage sich, was er als Gottes Wort hört, wie es ihn trifft, und was er dazu zu bemerken hat! Wer denkt daran, mit der Gnade des Herrn, die alle Morgen frisch und neu ist, fröhlich anzufangen? Wir unterlassen es. So steht das Urteil über ihn von vornherein fest. So wird er unter die Verbrecher getan und gemeiner behandelt als jeder andere. Er sitzt auf der Anklagebank, hört sich die falschen Anschuldigungen derer an, die ihn schon verurteilt hatten, noch ehe sie den Mund auftaten, und schweigt.

Es ist dieses Schweigen zu ihren Anschuldigungen, das der amtierende Hohepriester empörend findet. Er tritt herzu und fragt, ob Jesus sich nicht rechtfertigen wolle. Der aber antwortet nicht. „Wiederum befragte ihn der Hohepriester und spricht zu ihm: ‚Du bist der Christus, der Sohn des Gepriesenen?' Jesus aber sprach: ‚Ich bin es.'"

Mehr als dieses „Ich bin es" hat er nicht zu sagen. Das ist seine Rechtfertigung. Ja, ich bin es, ich bin hier mitten unter euch. Und dann folgt in der Fassung berühmter Schriftworte, die sie alle kennen, seine Prophetie, mit der er sich an alle richtet: „Ihr werdet sehen den Menschensohn sitzend zur Rechten der Kraft und kommend mit den Wolken des Himmels."

Dieses „Ihr werdet sehen" heißt nicht, daß sie von nun an geschiedene Leute sind und künftig nichts mehr miteinander zu tun haben würden. Im Gegenteil! Jesus prophezeit ihnen, daß sie ihn, den sie jetzt aus ihren Augen entfernen müssen, sehen werden: Nicht als einen Toten, sondern als den Menschensohn zur Rechten dessen, der die Toten lebendig macht. Ihn, den sie in den Tod gestoßen haben werden, werden sie als denjenigen sehen, dessen Feinde Gott ihm unterworfen hat und der in Herrlichkeit kommt.

Es kommt, wie es kommen muß. Fassungslos zerreißt der Hohepriester sein Gewand und spricht: „Ihr habt die Lästerung gehört." Nein, daß der Sohn des Gepriesenen hier mitten unter ihnen säße, das wäre dann doch ein bißchen zuviel des Guten.

Die Bemerkung, daß *alle* ihn des Todes schuldig sprachen, ist wichtig, damit keiner auf den Gedanken kommt, er hätte dem Christus gegenüber die unbeteiligte Unschuld vom Lande gespielt.

Jesu Befragung endet mit Demütigungen, die man ihm zuteil werden läßt, insbesondere mit der Verhöhnung seiner Prophetie. Wenn er denn das Unsichtbare zu sehen vermag, möge er ihnen eine Kostprobe seiner hohen Kunst nicht länger vorenthalten. Dazu „verhüllten sie sein Angesicht, schlugen ihn und forderten ihn dabei auf: ‚Weissage!' Und die Wache empfing ihn mit Ohrfeigen."

Die Kreuzigung Jesu

Markus 15,20b-41

20 Und sie (die Soldaten) führen ihn hinaus
(Lev 16,27; Num 15,35f),
um ihn zu kreuzigen.
21 Einen Vorübergehenden zwingen sie,
Simon von Kyrene,
der vom Felde kommt,
den Vater des Alexander und Rufus,
ihm das Kreuz zu tragen.
22 Und sie führen ihn nach ‚Golgotha',
das heißt übersetzt:
‚Schädelstätte'.

23 Da *gab*en sie ihm mit Myrrhe gewürzten *Wein*
(Spr 31,6),
er aber nahm ihn nicht
(vgl. Mk 14,25).
24 Sodann kreuzigen sie ihn
und *verteilen* seine *Kleider*,
indem *sie das Los um* sie *werfen*
(Ps 22,19),
wer was bekommen solle.
25 Es war aber die dritte Stunde
als sie ihn kreuzigten.
26 Und es war eine Inschrift
mit der Angabe seiner Schuld angeschrieben:
‚Der König der Juden'
(vgl. 13,9; 15,2.9.12.18 /32).
27 Mit ihm kreuzigen sie noch zwei Räuber,
einen zu seiner Rechten
und einen zu seiner Linken
(vgl. Jes 53,12).

29 Und die Vorübergehenden lästerten ihn,
schüttelten ihre *Köpfe*
(Ps 22,8; Jes 37,22; Jer 18,16)
und sagten:
„Ha, der du den Tempel abreißt
und in drei Tagen wieder aufbaust
(vgl. Mk 14,58),
30 hilf dir selbst
und steig herab vom Kreuz!"
31 Ebenso feixten auch die Oberpriester
samt den Schriftgelehrten untereinander:
„Anderen hat er geholfen,
sich selbst kann er nicht helfen!
32 Der Christus
(vgl. 14,61),
der König Israels,
steig jetzt herab vom Kreuz,
damit wir sehen
und glauben!"
Auch die, die mit ihm gekreuzigt waren,
schmähten ihn.

33 Und von der sechsten Stunde an
kam eine Finsternis *über das* ganze *Land*
bis zur neunten Stunde
(Am 8,9f).
34 Und in der neunten Stunde
schrie Jesus mit lauter Stimme:
„Eloi, Eloi, lama sabachthani?"
das heißt übersetzt:
„Mein Gott, mein Gott,
wozu hast du mich verlassen?"
(Ps 22,2)
35 Als einige der Dabeistehenden das hörten,
sagten sie:
„Sieh, er ruft den Elia"
(vgl. Mk 9,11–13)!

36 Einer aber lief,
füllte einen Schwamm mit *Essig,*
steckte ihn auf ein Rohr
und reichte ihm zu *trinken*
mit den Worten
(Ps 69,22):
„Laßt, wir wollen sehen,
ob Elia kommt,
um ihn abzunehmen."
37 Jesus aber verschied mit einem lauten Schrei.
38 Und der Tempelvorhang wurde in zwei Teile zerrissen
von oben bis unten
(vgl. Mk 1,10).
39 Als aber der Centurio
(vgl. 15,44f),
der dabeistand, sah,
daß er so aushauchte,
sagte er:
„Wahrhaftig,
dieser Mensch war Gottes Sohn"
(vgl. 2,7; 4,41; 6,3; 9,7; 12,7.10 /14,61)!

40 Es sahen aber auch Frauen von ferne zu,
unter ihnen auch Maria, die Magdalenerin,
Maria, die (Mutter/Frau?) des jüngeren Jakobus
und des Joses Mutter,
und Salome,
41 die ihm, als er noch in Galiläa war,
nachgefolgt waren und ihm gedient hatten,
und viele andere,
die mit ihm nach Jerusalem hinaufgezogen waren
(10,32–34).

Jesu Ankläger haben sich durchgesetzt. Das Urteil ist ergangen, Pilatus hatte nachgegeben (15,2–15). Nach der Verhöhnung des Judenkönigs durch die Soldaten (15,16–20a) wird Jesus von diesen zur Kreuzigung hinausgeführt.

Anfang und Schluß der markinischen Kreuzigungserzählung

entsprechen einander. Mehrere Frauen, drei (vier?) werden mit Namen genannt, sehen schweigend von ferne zu. Sie stammen aus Galiläa und waren Jesus gefolgt. Von seinen Jüngern indes fehlt jede Spur. Aus der Ferne stammt auch der (hellenistische) Jude Simon von Kyrene mit seinen beiden ebenfalls mit Namen genannten Söhnen. Kyrene war die schöne Hauptstadt der griechischen Kolonie Kyrenaika in Libyen. Das Passafest, das viele Pilger nach Jerusalem geführt hatte, kümmert Simon wenig. Er kommt gerade vom Feld und wird wie zufällig Zeuge eines anderen Pilgerganges. Er wird sogar ein unfreiwillig Beteiligter daran. Man zwingt ihn, Jesu Kreuz (wohl den Querbalken [patibulum]) zu tragen. Doch ein Nichtjude, jener römische Centurio wird bekennen: „Wahrlich, dieser Mensch war Gottes Sohn!“ Auf dem Weg zur Stadt und aus dem Leben hinaus werden die Nahen die Fernen und die Fernen die Nahen.

Unsere Erzählung strotzt geradezu von Anspielungen auf alttestamentliche Texte. In dieser Hinrichtung geschieht, was angekündigt war, und was Jesus selbst angekündigt hatte. Es geschieht nichts, was nicht hätte so kommen müssen. Der Wille Gottes geschieht: Gottes Sohn muß hinaus vor die heilige Stadt, hin zu dem unreinen, verfluchten Ort. Nach Psalm 22 müssen nun seine Kleider verteilt werden, indem das Los darüber geworfen wird. Nach Jesaja 53 muß er seinen Platz unter Verbrechern einnehmen. Nach Psalm 22, Jesaja 37 und Jeremia 18 müssen die Vorübergehenden ihn verhöhnen und die Köpfe über ihn schütteln. Das geschieht, das erfüllt sich nun. Nach Sprüche 31 hatte ein Todeskandidat das Recht, vor seiner Hinrichtung ein Rauschmittel zu verlangen. Jesus verzichtet darauf (in treuer Erfüllung auch seines eigenen Wortes [Mk 14,25]). Er will sich jetzt weder von Gott noch von seinem Eintreten für jene abbringen und betäuben lassen, nicht einmal durch gutgemeinte, ihm zustehende Hilfe.

Auch die zeitliche Einteilung will beachtet sein. In der dritten Stunde, morgens gegen Neun, wurde Jesus gekreuzigt. Drei Verspottungsszenen schließen sich an. Ab der sechsten Stunde, als die Sonne am höchsten stand, kam „eine Finsternis über das ganze Land bis zur neunten Stunde.“ Die Beschimpfungen der Vorübergehenden, das Feixen der führenden Frommen und die Schmähungen der Mitgekreuzigten werden von der Finsternis abgelöst. Sie gehen in ihr auf, sie gehen in ihr unter, und zwar im ganzen Land! Nicht mit Jesu Tod wurde es finster, im Gegenteil, in seiner Todesstunde wird die Finsternis zerrissen!

Aller Hohn wird im Banne ihres Zerrbildes, das sie von ihm haben, laut. Wenn er denn ein solcher Kraftmeier ist, wie sie es, ihren Ohren nicht trauend, seinen Worten entnehmen zu müssen meinten, dann helfe er sich gefälligst „selbst und steig herab vom Kreuz!" Die Dabeistehenden wissen es besser und feixen: „Anderen hat er geholfen, sich selbst kann er nicht helfen!" Am klügsten die Mitgekreuzigten: Welchen anderen? Wieso steigt er nicht vom Kreuz herab und macht uns frei?

Ein Wunder müßte geschehen, wenn er denn Gottes Sohn wäre. Je auf ihre Weise begehren die Spötter die sie von seinem Anspruch überzeugende Krafttat zu sehen. Unter dieser Bedingung wollten die Frommen liebend gerne glauben. Da sie ausbleibt, fühlen sie sich stark. Sollen sie ihm Beine machen? „Der Christus, der König Israels, steig jetzt herab vom Kreuz, damit wir sehen und glauben!"

Doch Jesus steigt nicht herab, es hilft ihm keiner. Wie steht es um sein Eintreten für die Mitgekreuzigten links und rechts? Das Elend der Elenden hat ihn doch sonst nie kalt gelassen. Inzwischen pfeifen die auf ihn, da kein Rettungswunder in ihrem Sinne geschieht. Es geht auch mit ihnen und ihrer elenden Selbsthoheit im Elend zu Ende.

Diese perfiden Gemeinheiten, die Jesus zuteil werden, sind auf ihre Art bzw. Unart so etwas wie Bekenntnisse, das Credo der Finsternis. Es sind ja seine, seine verdrehten Worte, mit denen sie ihn aufschrecken. Eitel Schadenfreude herrscht über die Hilflosigkeit dessen, von dem man genau weiß, daß er anderen geholfen hat. Hilfe – eine Spielart der Selbsthilfe. Hier will man auch befehlen und ihn, nachdem man ihn bewegungsunfähig gemacht hat, dazu bewegen, sich zum Häuptling ihres Selbsthilfeverlangens aufzuschwingen. Da er dazu nicht in der Lage ist und ihn keiner in diese Lage bringt, kann er Gottes Sohn nicht sein, hat man nur Hohn und Spott für ihn. Sie reiben es ihm unter die Nase und fauchen ihn mit ‚Du' an. Sie befehlen ihm in der dritten Person – wie bockige Kinder, die wieder lieb sein wollten, wenn sie nur ihren Willen bekämen. An ihm kommt das alles heraus, an ihm toben sie sich aus, wirklich aus.

„Und in der neunten Stunde schrie Jesus mit lauter Stimme: ‚Eloi, Eloi, lama sabachtani?' das heißt übersetzt: ‚Mein Gott, mein Gott, wozu hast du mich verlassen?'" Mit diesem bangen Gebetsruf beginnt der 22. Psalm. Er ist oft als Ausdruck tiefster Gottverlassenheit, Verzweiflung und Trostlosigkeit, in neuerer Zeit sogar als Ausdruck der leidenden Menschheit im Ganzen verstanden worden. Gewiß, der 22. Psalm ist das Klagegebet eines unschuldig Leidenden. Aber ist es nicht seltsam, daß es sich bei diesem einzigen Wort in der Kreuzigungserzählung, bei diesem überhaupt letzten Wort des irdischen Jesus eben nicht um einen unartikulierten Verzweiflungsschrei, sondern um einen Bibelvers, um das Gebet des Gekreuzigten handelt? In höchster Todesnot schreit Jesus zu Gott! In seiner Einsamkeit hält er an Gott, der ihn dem Tode preisgibt, fragend und schreiend fest! Er stirbt, von Gott verlassen, als ein zu Gott Schreiender.

Wie bei seinem Gebet im Garten Gethsemane erfolgt auch hier keine Antwort. Gottes Antwort liegt jenseits seines Schreis. Sie liegt aber nicht irgendwo und außerhalb, sondern so nahe, als läge sie bereits darin.

Während seine Vertrauten nicht imstande waren, mit Jesus zu wachen und zu beten, so ist man hier, im Mißverstehen seines letzten Gebetes, ausgesprochen munter. Gleich ist einer da zur Stelle, der, angefeuert von den Dabeistehenden, sich beeilt, Jesu Ende hinauszögern, seinen Durst löschen zu wollen, damit der Helfer, nach dem Israels Fromme ihn rufen hörten, sich nur ja nicht verspätet: „Laßt, wir wollen sehen, ob Elia kommt, um ihn abzunehmen." Nahmen die Finsterlinge zuerst Jesu Worte und Taten aufs Korn, so mißversteht man zuletzt seinen Schrei. Sie, die den 22. Psalm im Original und mit Sicherheit auswendig kennen, können Jesus nicht zu Gott schreien hören. Ihn hören sie zu einem anderen, genauer gesagt, *nach* einem anderen rufen (mit dem sie, Jesu Worten zufolge, auch schon ihren Mutwillen getrieben haben [Mk 9,11–13]).

Mit dem zweiten lauten Schrei haucht Jesus sein Leben aus. Nicht Elia, sondern der Versuch, sein Sterben in die Länge zu ziehen, kommt zu spät. Es ist schlimm genug, doch Gott weidet sich nicht daran. Bei diesem letzten wortlosen Schrei „zerriß der Vorhang des Tempels in zwei Teile von oben bis unten."

Nicht der Tempel stürzt in sich zusammen, nur ein Vorhang zerreißt. Schwer zu sagen, welcher Vorhang gemeint ist, denn im Jerusalemer Tempel gab es zwei davon: Den sichtbaren äußeren, der den für die Heiden zugänglichen Vorhof vom eigentlichen Tempel trennte (Ex 37,5.16; 38,18; 1Kön 6,36 u.a.), und den inneren Vorhang, der das Allerheiligste (die Lade mit der Bundesurkunde und auf ihr den Ort der unsichtbaren Gegenwart Gottes) vom Versammlungsraum der Gemeinde schied (Ex 26,31ff; 40,3; Lev 16,2.12.15; 21.33; Num 3,10; 4,5; 1Makk 4,51 u.a.). Soll man an den äußeren Vorhang denken? Denn wie der Vorhang „von oben bis unten" zerrissen wurde, so auch die Unkenntnis des Hauptmannes: „Wahrhaftig, dieser Mensch war Gottes Sohn!" Was jenem Heiden, der für den ordnungsgemäßen Vollzug der Kreuzigung Sorge zu tragen hatte, Jesu Todesschrei eröffnete, das sieht unser Erzähler in Jerusalems Tempel irreparabel allen Heiden offen.

Jedenfalls wird nicht erzählt, daß der Centurio den Vorhang zerreißen sah und so, seinem eigenen Weitblick oder Scharfsinn folgend, zum Bekennen kam. Er kam dazu, indem er, bei Jesus stehend, *ihn* schreiend *sterben sah* (wie er wohl bei vielen schon gestanden hatte und sie schreiend sterben sah). Da wurde ihm aufgetan, was ihm zuvor verschlossen war (wie Johannes der Täufer einst durch die *zerrissenen* Himmel den Geist wie eine Taube auf Jesus herabkommen *sah* [Mk 1,10]).

Daß Gott den Tempel verlassen hätte oder ein Strafwunder am Tempel geschehen sei, liegt Markus fern. Ihm geht es vielmehr darum, daß hier dem Allerletzten in der langen Kette seiner Feinde – seinem Henker! – in Jesu Todesschrei der Blick auf ihn als Gottes Sohn frei wurde. Er muß das bekunden, noch ehe er Pilatus von Jesu Gestorbensein unterrichten wird (15,45).

Was ist das für ein Blick? Offenbar ein Nachblick. Was ist das für ein Bekenntnis? Offenbar ein Nachruf: „Dieser Mensch *war* Gottes Sohn!"

Dieser Mensch, aus dessen Mund man rebellische Reden zu hören bekam (2,7; 14,55ff), und dem doch selbst der Sturm und die See gehorchten (4,41), dieser seiner Herkunft nach leider gar nicht außergewöhnliche Mensch (6,3); dieser Mensch, der ihnen zuletzt hilflos ausgeliefert war und unter ihrer leider auch nicht eben außergewöhnlichen Regie, von Gott und aller Welt verlassen, schreiend starb – Gottes geliebter Sohn (1,11; 9,7).

Begräbnis

Markus 15,42–47

42 Und als es schon Abend wurde
(vgl. Dtn 21,22 f),
und weil Rüsttag war,
das ist der Tag vor dem Sabbat,
43 kam Joseph von Arimathaia,
ein angesehener Ratsherr,
der selbst (schon) auf die Herrschaft Gottes wartete
(vgl. Mk 14,25),
(der) wagte es,
ging zu Pilatus hinein
und bat um den Leib Jesu.
44 Pilatus aber wunderte sich,
daß er schon tot sei
(vgl. 15,5),
rief den Centurio
(vgl. 15,39)
und fragte ihn,
ob er bereits gestorben sei.
45 Nachdem er es von dem Centurio erfahren hatte,
schenkte er Joseph den Leichnam.
46 Der kaufte Leinwand,
nahm ihn ab,
wickelte ihn in das Tuch
und setzte ihn in einer Grabstätte bei,
die aus einem Felsen ausgehauen war,
und wälzte einen Stein vor des Grabes Eingang.
47 Maria, die Magdalenerin, aber
und Maria, die (Mutter) des Joses,
sahen, wo er hingelegt worden war.

Zum Kreuzestod Verurteilte wurden von den Römern normalerweise nicht bestattet, sondern zur Abschreckung hängen gelassen. Auf ausdrücklichen Wunsch haben römische Behörden sie ab und an deren Verwandten überlassen, insbesondere dann, wenn es sich um römische Bürger handelte oder größere Feste, zum Beispiel des Kaisers Geburtstag, bevorstanden.

Anders im jüdischen Raum. Da wurde jeder Verstorbene, dasselbe galt für einen jeden Gerichteten, gleich nach dem Tode beigesetzt. Das Gesetz schrieb vor, daß ein am Holze Aufgehängter darum abzunehmen und noch am selben Tage zu bestatten sei, damit jener Gottverfluchte nicht das Land besudle, das der Herr Israel zum Erbbesitz gegeben hat (Dtn 21,22f). Was Jesu Begräbnis anging, war erst recht Eile geboten, da kein beliebiger neuer Werktag, sondern in Kürze der Sabbat anbrechen würde.

Joseph von Arimathaia (Ramatajim in Judäa) begegnet nur in der Geschichte von Jesu Grablegung. Er wird als ein „angesehener Ratsherr" bezeichnet, was wohl heißen soll, daß Joseph ein Mitglied des Hohen Rates war. Als einer, „der selbst (schon) auf die Herrschaft Gottes wartete", schritt er mutig zur Tat (Mk 15,43; vgl. Lk 23,51). Diese Charakterisierung des Joseph entbirgt auch das Motiv, wieso ausgerechnet er es ist, welcher sich des toten Jesus annimmt. Eigentlich wären alle Juden verpflichtet gewesen, zu Pilatus zu gehen und für die Abnahme des Gekreuzigten bis zum Abend zu sorgen, von seinen Verwandten oder seinen Jüngern (vgl. Mk 6,29!) ganz zu schweigen! Doch wo waren die? Joseph tat es. Nachdem Pilatus von den Vertretern des Hohen Rates so übel benutzt worden war (15,2–15), gehörte schon eine gehörige Portion Mut dazu.

Woher war ihm dieser gekommen? Anwort: Weil er „selbst (schon) auf die Herrschaft Gottes wartete". Joseph von Arimathaia ist der erste, von dem das behauptet wird. Wie wenn auch bei ihm mit Jesu Todesschrei etwas zerrissen und nicht mehr nur rückwärts, sondern vorwärts klar geworden, eine gewisse Starre gelöst, eine tiefe Erwartungslosigkeit aufgehoben worden wäre. Als ob es ihm zugefallen und ans Herz gelegt wäre, jenen Toten rechtzeitig wie ein Samenkorn unter die

Erde bringen zu sollen, ohne zu wissen, wann und wie das aufgeht (4,27).

Pilatus „schenkte" ihm „den Leichnam", da er an Jesus kein Interesse hatte, und weil Joseph sich für dessen Beseitigung einsetzen wollte. Daß Joseph Jesu heimlicher Freund gewesen und seine Tat als ein besonderer Liebesdienst einzuschätzen sei (die beiden anderen [15,27.32b] ließ er sich ja nichts angehen), ist mit alledem nicht gesagt. Nach 14,64 sprach ja auch er Jesus des Todes schuldig (anders Lk 23,51)! Sein Verehrer oder gar sein Komplize ist er inzwischen nicht geworden. Ihm geht es darum, daß die ihm dringlich gewordene Weisung so rasch wie möglich in die Tat umgesetzt wird, ohne Verständigung der Angehörigen, und dieser Hingerichtete ein anständiges Begräbnis erhält, selbstverständlich ohne Trauerritual.

Die Mitgekreuzigten dagegen unterlagen entweder nicht der (Teil-) Gerichtsbarkeit des Hohen Rates und wären dann keine Juden, sondern Heiden gewesen, oder sie werden bloß darum nicht erwähnt, weil sie noch nicht gestorben waren.

Joseph sorgte nicht nur für ein überraschend ehrenvolles Begräbnis, sondern nahm nach Markus auch die damit verbundenen Kosten auf seine Kappe (15,46). Wenigstens das. Noch hintersinniger Matthäus: Joseph „legte" Jesus „in sein eigenes neues", das heißt, in das ihm selber bestimmte „Grab" (27,60)!

Nach jüdischem Brauch wurde jeder Tote gewaschen und bekleidet. Es war üblich, ihn in ein Tuch einzuschnüren. Nackt bestattet zu werden, galt als Schande. Die Bestattung der Leiche wurde normalerweise durch Angehörige und Freunde besorgt. Kultdiener beteiligten sich nicht. In den Mauern Jerusalems waren Grabanlagen verboten. Einen Begräbnisplatz für alle, unserem öffentlichen Friedhof vergleichbar, hat es in Palästina nicht gegeben. Die Gräber befanden sich in Gärten, auf Feldern oder privaten Grundstücken. Als Begräbnisplatz dienten Felsnischen und Höhlen. Der Tote wurde in die Haltung eines Schlafenden gebracht. Nach der Ruhe von ungefähr einem Jahr, in der der Leichnam bis auf die Knochen verweste, wurde die Grabnische geöffnet, die Gebeine wurden gesammelt, mit Wein und Öl gesalbt, in Körbe oder Säcke gebracht und unter partieller Wiederholung des Trauerrituals auf Feldern oder wieder in Höhlen, den sogenannten „Knochenhäusern", endgültig beigesetzt. Der Leichnam eines Hingerichteten wurde separat bestattet.

Pilatus ist überrascht, daß Jesus schon gestorben sei. Rechtzeitig, möchte man sagen, wie wenn von Anfang an und zuletzt an seinem Todestag ein höherer Zeitplan waltete. War der erste Mensch nicht in der zweiten Hälfte des sechsten Tages geschaffen worden (Gen 1,26ff)? An diesem seinem Geburtstag kam jedoch nicht er, sondern der in seine Hände ausgelieferte Menschensohn ums Leben, behördlich festgestellt. Dieser Bezug ist Markus sehr viel wichtiger als das Wissen darum, daß sich das Sterben eines armen Gekreuzigten über Tage hinziehen konnte. Am Tag vor dem Sabbat ist Jesus, seinen Spöttern zum Trotz, rechtzeitig und in Unehren gestorben, rechtzeitig und in Ehren begraben worden und ohne Konservierungsmittel von der Bildfläche verschwunden. Am Sabbat, der für den Menschen da ist (Mk 2,27), ruht auch er, und zwar im Grabe hinter einem gewaltigen Stein vor seiner Tür.

Eine bemerkenswerte Rolle spielen die beiden Frauen. Maria von Magdala (Magdala war ein Fischerstädtchen am galiläischen See, das auch Jerusalem mit Fisch versorgte), und Maria, die (Mutter) des Joses, treten in dieser Erzählung lediglich als heimliche, vielleicht auch ängstliche Beobachter auf. Jedenfalls wagen sie es nicht, Joseph von Arimathaia anzusprechen, geschweige ihm zur Hand zu gehen. In ihnen reifen wohl schon andere und ein bißchen weitergehende Pläne. Dazu haben sie keinen Ratsherren nötig. Der würde bloß stören, eventuell ihre Absichten vereiteln. Am Ende jenes so ereignisreichen Tages möchten die beiden Frauen nur noch erfahren, wo Jesus beigesetzt wird. Wenn sie die Dritte im Bunde verständigt hätten und der Sabbat vorüber wäre, wenn die Krämer sich wieder regten und alle hohen Herren noch schliefen, dann würden sie ungestört tätig werden können.

Am Tag auf den Sabbat treten diese Frauen ihren Weg zum Grabe denn auch in aller Herrgottsfrühe heimlich, still und leise an, ahnungslos, in was für eine unheimliche Geschichte sie da eintreten würden.

Der Ostermorgen

Markus 16,1–8

1 Und als der Sabbat vorüber war,
kauften Maria, die Magdalenerin,
Maria, die (Mutter/Frau?) des Jakobus,
und Salome wohlriechende Öle,
um hinzugehen und ihn zu salben.
2 Und frühmorgens
am ersten Tag nach dem Sabbat
als die Sonne aufging,
kommen sie zu der Grabstätte.
3 Und sie sagten zueinander:
„Wer wird uns
den Stein vom Eingang des Grabes wegwälzen?"
4 Und als sie aufblickten,
sehen sie,
daß der Stein weggewälzt war.
Er war ja doch sehr schwer.
5 Und da sie die Grabkammer betraten,
sahen sie einen Jüngling
zur Rechten sitzen
(vgl. 10,37.40; 14,62; 15,27; 16,19),
angetan mit einem weißen Gewand
(vgl. 9,3),
und sie erschraken sehr.
6 Der aber spricht zu ihnen:
„Erschreckt nicht!
Ihr sucht Jesus,
den gekreuzigten Nazarener
(vgl. 1,24; 10,47; 14,67)?
Er wurde auferweckt,
er ist nicht hier.
Seht die Stelle,
wo sie ihn hingelegt hatten!

7 So geht nun los
und sagt seinen Jüngern und dem Petrus,
daß er euch nach Galiläa vorausgeht;
dort werdet ihr ihn sehen,
wie er euch versprochen hat"
(14,28).

8 Da stürzten sie heraus und flohen vom Grabe fort,
denn Zittern und Entsetzen hatte sie gepackt.
Und sie sagten niemandem etwas,
denn sie fürchteten sich
(vgl. 5,42 f).

Zum dritten und letzten Mal werden diese galiläischen Frauen im Markus-Evangelium erwähnt (15,40 f.47; 16,1 ff). Sie waren Jesus gefolgt und hatten ihm gedient, als er noch in Galiläa war. In großer Schar waren sie mit ihm nach Jerusalem hinauf gezogen. Dort wurden sie von ferne Zeugen seiner Hinrichtung. Sie mußten tatenlos dabei zusehen. Dann erst traten sie in Aktion. Zwei von ihnen bekamen mit, wo Jesus beigesetzt wurde. In ein Felsengrab war er gelegt worden. Zum Schluß hatte Joseph von Arimathaia den Zugang zur Grabkammer mit einem schweren Stein verschlossen. Was können die Frauen noch tun? Zunächst leider gar nichts. Erst muß der Sabbat abgewartet werden.

Nachdem das zeitliche Hindernis aus dem Wege ist, können sie endlich aufbrechen, um Jesus zu salben. Früh am ersten Tag nach dem Sabbat, als es noch dunkel war, marschieren sie los. Wie wir hingehen, wie zumeist Frauen hingehen, um an diesem dem Gebären bleibend entgegengesetzten Ort zu trauern, ein wenig zu harken und frische Blumen hinzustellen. Die Frauen wollen Jesus mit wohlriechenden Ölen behandeln. Ein bißchen spät, möchte man sagen. Wer würde es sich getrauen, einen bereits anderthalb Tage im Grabe liegenden Leichnam salben zu wollen? Dazu gehört Mut und wohl auch ein bißchen Übermut. Es spricht ja nicht gegen, sondern für diese Frauen, daß sie nicht locker lassen, ihren Jesus nicht loslassen möchten, obwohl ihr Plan, sein Verwesen zu mildern, inzwischen äußerst fragwürdig geworden ist. Da gehen sie stumm ihren Friedhofsweg und kommen zum Grabe, eben als die Sonne aufgeht.

Auch ihnen geht nun etwas auf, aber etwas ganz anderes. Da sagen sie zueinander: „Wer wird uns den Stein vom Eingang des Grabes wegwälzen?" Eigenartig, daß sie erst jetzt auf diese Frage kommen. Es ist, als hätte dieser Stein bislang für sie keine Rolle gespielt. Er liegt ja auch noch nicht lange zwischen ihnen und dem Toten. Die gewichtige, ihnen den Zugang versperrende Endgültigkeit jenes Felsbrockens vor dem Grabe wird ihnen erst kurz vor dem Ziel bewußt. Wieder müssen sie innehalten. Sie sind mit ihrer Kunst am Ende. Es ist wie verhext. Ihr Weg hierher war ein einziger Hindernislauf, ein Lauf gegen die Uhr und zuletzt gegen den Stein. Nur diese eine Frage bleibt: „Wer wird uns den Stein vom Eingang des Grabes wegwälzen?"

Gekommen sind sie dennoch nicht umsonst, denn wie sie *aufblicken* (der heidnische Centurio blickte bei Jesu Todesschrei zurück, der jüdische Bestatter schon voraus!), sehen sie, daß der Stein fortgewälzt ist. Das Hindernis ist überraschend aus dem Weg. Nun kommen sie doch noch dazu, ihre Absicht auszuführen. Wieder setzen sie sich in Bewegung und gehen in das Grab hinein. Wieder bekommen sie etwas zu sehen. Da sitzt einer, ein Jüngling, bekleidet mit einem weißen Gewand. Damit haben die Frauen nicht gerechnet, in diesem düsteren Loch einem Jüngling in Weiß zu begegnen. Sie erschrecken zum ersten Mal wirklich. Wie man erschrickt, wenn einem etwas völlig Unerwartetes in die Quere kommt.

Es kommt noch besser. Der junge Mann scheint auf die drei Frauen gewartet zu haben. Nur auf sie. „Erschreckt nicht! Ihr sucht Jesus, den gekreuzigten Nazarener? Er wurde auferweckt, er ist nicht hier." Und dann zeigt ihnen dieser Jüngling die Stelle, wo Jesus hingelegt worden war. Er ist wirklich nicht da. Weil er auferweckt wurde (von einer wiederbelebten Leiche ist nicht die Rede!), sollen sie sich nur gleich auf den Weg machen und seinen Jüngern, insbesondere dem Petrus bestellen, Jesus gehe ihnen nach Galiläa voraus. Dort, von wo sie gekommen waren, würden sie ihn sehen, wie er ihnen versprochen hatte.

Wieder setzen sich die Frauen in Bewegung, diesmal in umgekehrter Richtung, Hals über Kopf vom Grabe fort. Fröhliche Ostern! Nein, das gerade nicht. „Zittern und Entsetzen hatte sie gepackt. Und sie sagten niemandem etwas, denn sie fürchteten sich."

Mit diesen Worten endet das Markus-Evangelium. Es endet mit der Bemerkung über die Flucht der Frauen und ihr Schweigen. Die Furcht, die sich ihrer bemächtigt hatte, verschließt ihnen den Mund. Nicht die Furcht vor jenen, zu denen sie geschickt wurden. Das Mitleid, die Abwehr, die tausend Fragen der anderen, das könnte man aushalten. Man kann es aushalten, wie man umgekehrt diese Ostererzählung aushalten kann. Markus hatte schon einmal von einer solchen Flucht erzählt. Vor wenigen Tagen, als Jesus im Garten Gethsemane verhaftet worden war, hatten alle seine Jünger die Beine in die Hand genommen. Nur Petrus hatte versucht, sich seine Furcht zu verbieten und seine Flucht rückgängig zu machen, dabei aber kläglich versagt (14,50.54.66–72). Dort müßte man dabeigewesen sein, zuletzt mit eigenen Augen Jesu Hinrichtung gesehen, die Beisetzung seines Leichnams beobachtet haben und danach mit jenen Frauen, die noch immer oder nun erst recht an ihm hingen, zu seinem Grabe unterwegs gewesen sein, um ihr Entsetzen zu begreifen. Nein, sie sind nicht irgendwie symbolisch unter dem Kreuz gestanden und alsdann erwartungsvoll zum Grabe gepilgert, und es hat sie auch niemand gefragt, ob sie das alles glauben wollen. Das Ereignis selber ist sie angegangen, angegangen in Gestalt jenes Jünglings, der am Ende ihres Weges auf sie warten sollte, um ihnen den längst aufgegangenen Jesus anzukündigen (Num 24,17; Jer 23,5; Sach 3,8; 6,12; Mal 3,20; TestLev 18,2–4; Sib III, 652–56; Mt 4,15f; Lk 1,78). Der konnte hier schließlich nicht auf sie warten und nochmals in seinem Grabe auftreten, so wenig wie ein Kind nach seiner Geburt noch einmal im Schoße seiner Mutter auftreten kann.

Im Grabe, das der Auferweckte gänzlich hinter sich gelassen hat, fungiert jener Jüngling als eine Art sprechender Spiegel, als reflektierender Bote des jüngst zur Rechten Gottes erhobenen Jesus. Auch er *sitzt* hier *zur Rechten.* Seine äußere Erscheinung wie sein Auftreten entspricht seiner Kunde. Was er den Frauen mitzuteilen hat, ist für diese ein ihr Leben erschütternd neues Wort. Die Endstation, zu der sie gekommen waren, um ihrem Jesus den letzten Liebesdienst zu erweisen, war der Ausgangspunkt seines neuen Lebens. Inzwischen sei er wohlauf, aber keineswegs auf und davon, sondern bereits in ihre gemeinsame Heimat aufgebrochen, um, sein Versprechen einlösend, nicht hier im Grabe, sondern *dort* von ihnen gesehen zu werden. „Da stürzten sie heraus und flohen vom Grabe fort", ihr Mundwerk eingeschnappt.

Eine haarsträubende Geschichte mit bedenklichem Schluß. Damit endet der „*Anfang* des Evangeliums Jesu Christi" (1,1). Wir wurden eingeladen, den Weg dieser Frauen mitzugehen. An einen bestimmten Tag wurden wir gewiesen und an das Aufgehen der Sonne. Die Barrieren, die sich den Frauen in den Weg gestellt hatten, sie in ihrem Laufe hinderten, ihren eigenen Plan immer unsinniger und zuletzt sinnlos werden ließen, waren die Hüter eines anderen Werkes. Die Frauen wurden nicht dessen Augenzeugen, sie wurden am Ort des Geschehens bereits mit dessen Resultat konfrontiert. Ganz unverhofft waren sie, indem sie ihren Weg gegangen waren und am Ende doch noch in Jesu Grab ankamen, auf einem Wege gekommen, der sich ihnen auf seine Weise aufgetan hatte.

Dann mußten auch sie aufbrechen. Wohin? Nur weg von hier, hier sind sie ja des Todes, ihres Lebens nicht mehr sicher! „Und sie sagten niemandem etwas." Einerseits zu Unrecht, dem Auftrag des Jünglings zuwider, andererseits zu Recht. Denn wer könnte hier locker vom Hocker weiterreden? Auch ein Markus konnte es nicht. Auch der mußte hier verstummen, seine Feder und auch sich selber schleunigst absetzen. Jesu neues Kommen zu den anderen und wohl auch zu ihnen ist damit nicht gefährdet. Der Erstgeborene aus den Toten wird ihnen kaum umsonst vorausgegangen sein und weder in Galiläa noch sonst irgendwo und irgendwann vergeblich auf seine davongelaufenen Jünger warten. Die werden sich zur rechten Zeit bei ihm einstellen, auch wenn oder gerade weil drei Hals über Kopf flüchtenden Frauen die Sprache abhanden kam. Wohin könnten sie alle miteinander denn noch fliehen als in den Ostertag hinein?

Das Erscheinen Jesu vor verschiedenen Jüngern (Nachtrag)

Markus 16,9–14

9 Nachdem er aber auferstanden war,
erschien er
am ersten Tag nach dem Sabbat
in der Frühe
zuerst Maria von Magdala
(vgl. Joh 20,14–18),
von der er sieben Dämonen ausgetrieben hatte
(vgl. Lk 8,2).
10 Die ging hin
und verkündete es seinen Begleitern,
die da trauerten und weinten
(vgl. EvPt VII,27).
11 Als jene hörten,
daß er lebe
und von ihr gesehen worden war,
glaubten sie nicht.

12 Danach erschien er
in einer anderen Weise
zwei von ihnen,
die unterwegs waren
und aufs Land gingen.
13 Die gingen hin
und verkündeten es den übrigen
(vgl. Lk 24,13–35).
Aber auch jenen glaubten sie nicht.

14 Später erschien er
den Elfen,
als sie zu Tische lagen
(vgl. Lk 24,36–49; Joh 20,19–23).

Und er schmähte ihren Unglauben
und ihr verstocktes Vernehmen
(vgl. Lk 24,25.37–43; Joh 20,24–29),
weil sie denen nicht geglaubt hatten,
die ihn als Auferweckten zu sehen bekamen.

Mit der überstürzten Flucht der drei Frauen vom Grabe endete das Markus-Evangelium. Es schloß mit den Worten, diese sich aus dem Staube machenden Frauen hätten, entgegen der Weisung des Jünglings, niemandem auch nur ein Sterbenswörtchen davon gesagt, daß Jesus auferweckt worden sei.

Die anderen Autoren, die das Markus-Evangelium als Vorlage genutzt haben, hat dieser Schluß auch schon verblüfft. Bei der Übernahme der Erzählung in ihre eigenen Schriften haben sie ihn abgeändert. Auch bei Matthäus eilen Frauen, zwei an der Zahl, mit Furcht von dannen, aber eben auch mit „großer Freude", „um es seinen Jüngern zu verkünden" (28,8). Bei Lukas redet, ohne eigens dazu aufgefordert worden zu sein, schon ein richtiger Frauenkreis wie selbstverständlich auf die Jünger ein (24,9f). Nach der johanneischen Version führt die Magdalenerin ihren Botendienst furchtlos und ohne Umschweife aus (20,17f). Darauf folgen bei Matthäus wie bei Lukas und schließlich auch bei Johannes die Erzählungen vom neuen Kommen des Auferweckten.

In einigen späten neutestamentlichen Handschriften findet sich ein längerer Markusschluß (16,9–20). Jemand, der es mit der Flucht der Frauen vom Grabe und ihrem Schweigen nicht sein Bewenden haben lassen mochte, hat dieses für Missionare verfaßte Brevier (alle Christen sind Missionare!) dem Markus-Evangelium angefügt. Sein Autor bezieht sich bereits auf das Johannes- und das Lukas-Evangelium (und womöglich auch auf Matthäus).

Ich möchte hier nicht weiter auf diese verzwickte Textgeschichte eingehen, sondern wollte damit nur sagen, daß unser Abschnitt jüngeren Datums als das Markus-Evangelium ist und von einem Unbekannten stammt, der sich im zweiten Jahrhundert anhand der ihm vorliegenden Ostererzählungen

Gedanken über die Gemeinde Jesu und ihren Auftrag gemacht hat. Das ist zwar lange her, aber dieser Mensch steht uns insofern nahe, da auch er kein Augenzeuge der Erscheinungen des Auferweckten war. Was hat so einer dazu zu bemerken?

Auch der begann damit, was er bei seinen Vorgängern lesen konnte. Nach dem Johannes-Evangelium erschien Jesus zuerst Maria von Magdala am Ostermorgen. Etwas später erschien er auch seinen Jüngern. In seinem mittleren Bericht bezieht sich der Autor auf die Erzählung von jenen zwei Jüngern, die nach Emmaus gingen. Auf diesem Wege gesellte sich Jesus zu ihnen, um sie zu begleiten. Sie sahen ihn wohl, unterhielten sich gar mit ihm, aber sie erkannten ihn nicht. Sie erkannten ihn erst, als er sich ihnen beim Brechen des Brotes zu erkennen gab. Die Emmaus-Erzählung finden wir im Lukas-Evangelium.

Diese drei Erzählungen standen unserem Unbekannten vor Augen. Sie gehörten im zweiten Jahrhundert schon zur „Überlieferung". Wollte man sich über Jesus informieren, mußte man sich den Schriften, den Zeugnissen über ihn zuwenden. Einen anderen Zugang gab und gibt es nicht. Darum studieren wir sie bis heute.

Welche Frage beschäftigt einen Christen des zweiten Jahrhunderts, der die Berichte von den Erscheinungen Jesu liest? Den Verfasser unseres Abschnittes beschäftigt im Blick auf die drei genannten Erzählungen nur eine einzige Frage. Wie kommt es, daß es nicht nur mehr oder weniger interessierte Leser dieser Zeugnisse, sondern Menschen gibt, die den Herrn Jesus bekennen, ohne ihm während seines irdischen Daseins persönlich begegnet zu sein und ohne ihn als den Auferweckten gesehen zu haben? Wie kommt es, daß diese sich als seine Geschwister erkennen und bekennen müssen? Das versteht sich auch für ihn nicht von selbst. Es verstand sich nicht einmal für jene Zeit von selbst, als Jesus einigen wenigen erschien. Er erschien der Maria von Magdala und den zwei Jüngern, die nach Emmaus unterwegs waren. Er erschien seinen Jüngern. Er erschien auch solchen, die ihm während seines irdischen Lebens nicht begegnet waren, Paulus zum Beispiel. Alle diese Leute trugen die Kunde weiter, daß der gestorbene Jesus auferweckt worden und ihnen erschienen sei.

Doch bei den anderen finden sie damit kein Gehör. Maria von Magdala spricht vergeblich zu Jesu ehemaligen Begleitern. Die beiden Emmaus-Jünger geben weiter, wer ihnen begegnet sei, aber auch diesen beiden glaubt man kein Wort (als ob man es selbst dort nicht könnte, wo sie von den anderen bereits mit der Nachricht empfangen wurden, daß „der Herr auferweckt und Simon erschienen sei" [Lk 24,34]). Das alles nützt jenen, die Jesus sahen, wie jenen, die davon zu hören bekamen, herzlich wenig, eigentlich gar nichts. Nicht einmal jene, die als letzte an der Reihe waren, kamen so zum Glauben. Ist das nicht seltsam? Die Erfahrung, daß kein Mensch einen anderen Menschen vom Herrn Jesus überzeugen, geschweige ihn zu ihm bekehren kann, verbindet die Christen durch die Jahrhunderte. Wir können niemand dazu bringen, den gestorbenen Jesus als den Lebendigen zu bekennen. Wir können es auch uns nicht weismachen, als hätten wir selbst es dazu gebracht.

Nein, wir stecken schließlich in derselben Haut wie jene, die uns auf die Osterbotschaft antworten: „Ich glaube nicht." Diesen Leuten, wir selbst waren einmal solche Leute, müßten wir in aller Freundschaft sagen, wir können es auch nicht. Bitte erwartet nicht, daß wir euch dazu bringen können. Bildet euch nicht ein, ihr selbst könntet euch dorthin bringen!

Daß die Menschen früher leichtgläubiger waren, ist dummes Geschwätz. Das kann nur einer zu behaupten wagen, der das Neue Testament noch nicht gelesen hat. Daß wir heutzutage in glaubensarmen Zeiten leben, ist ebenfalls dummes Geschwätz. Wir leben nicht in glaubensarmen, wir leben in glaubensleeren Zeiten, vom ersten Jahrhundert an bis auf den heutigen Tag! Da ging *eine* Maria von Magdala hin und versicherte jenen, „die da trauerten und weinten", „daß er lebe", aber sie kamen nicht zum Glauben. Da gingen *zwei* Emmaus-Jünger hin und unterrichteten die übrigen Jünger, wer ihnen begegnet sei, doch sie glaubten ihnen nicht. Auch den später in alle Welt ausgesandten *Elfen* würde es kein bißchen besser ergehen. So steht's geschrieben! Alles andere ist Einbildung oder erbaulicher Quark.

„Zuletzt erschien er den Elfen, als sie zu Tische lagen. Und er schmähte ihren Unglauben und ihr verstocktes Vernehmen, weil sie denen nicht geglaubt hatten, die ihn als Auferweckten sahen." Habt ihr es auch gehört? Der Herr Jesus kommt selber und schmäht ihren Unglauben (wie die Mitgekreuzigten ihn geschmäht hatten [Mk 15,32]!), schmäht ihr verkalktes Vernehmen. Da schimpft er nicht einmal mit ihnen, nein, er schimpft mit ihrem Unglauben. Er treibt seinen Spott damit und jagt ihren Starrsinn mit Schimpf und Schande davon. Und dann gehen ihnen überraschend die Augen auf, sie hören das Zeugnis der anderen, wie es gehört werden wollte und sollte, und tragen es, nachdem sie dazu aufgerufen wurden, selber weiter. Hier mit Dank und da mit Zuversicht, daß dieser gegenwärtig handelnde Herr den Un- oder Aberglauben uns Menschen verleiden, ihn noch und noch in die Flucht schlagen wird.

Ist das nicht seltsam? Die Erfahrung, daß kein menschliches Zeugnis als solches, sondern der Herr Jesus selbst den Unglauben davonprügelt, unser Vernehmen wie unser Denken auf sich hin ausrichtet und damit das schon vielstimmige Konzert jener, die ihn uns ankündigten, und denen wir bitter Unrecht taten, rechtfertigt, diese wunderliche Erfahrung machen wir bis heute. Die Rechte des Herrn ist tatsächlich erhoben, seine Rechte behält den Sieg. Der, der bei Maria Magdalena mit sieben Dämonen fertig wurde und mit den verschiedensten Brettern vor den Köpfen seiner Jünger, wie sollte der nicht auch mit all dem aktuellen Unglauben und Unsinn einmal fertig werden.

Sendung (Nachtrag)

Markus 16,15–20

15 Und er sagte zu ihnen:
„Geht hin in alle Welt
und verkündet das Evangelium jeder Kreatur
(vgl. 13,10; 14,9; Kol 1,23; Mt 28,16–20; Lk 24,44–53)!

16 Wer glaubt
und sich taufen läßt,
wird gerettet werden;
wer aber nicht glaubt,
wird zugrunde gerichtet werden
(vgl. Joh 3,18).

17 Diejenigen aber, die glauben,
werden diese Zeichen begleiten
(vgl. Röm 15,19; 2Kor 12,12; Hebr, 2,4; Apg 2,22.43 u.a.):
In meinem Namen werden sie Dämonen
austreiben
(vgl. Mk 1,21–28; 5,1–20; 6,13; 9,14–27.38; 16,9),
in neuen Zungen reden
(vgl. Joel 3,1 f; Mk 1,21 f.27; 7,33.35; Apg 2,11),
18 Schlangen aufheben
(vgl. Ex 4,3 f; Num 21,6 ff; Jes 11,8; Lk 10,19; Apg 28,3 ff),
und wenn sie etwas Todbringendes getrunken
haben, wird es ihnen keinesfalls schaden
(vgl. Ex 15,22 ff; Eus HistEccl III,39,9).
Kranken werden sie die Hände auflegen,
und sie werden gesunden“
(vgl. Jub 23,30; Mk 1,30.40 f; 5,23; 6,5; 7,32; 8,23.25; Jak 5,14).

19 Nachdem der Herr Jesus so zu ihnen geredet hatte,
wurde er *in den Himmel aufgenommen*
(2Kön 2,11; 1Makk 2,58; vgl. Sir 49,14),
und er *setzte* sich *zur Rechten* Gottes
(Ps 110,1; vgl. Mk 12,36; 13,26; 14,62; Hebr 1,3; 8,1; 10,12; 12,2; Apg 2,33f; 5,31).

20 Jene aber zogen hinaus
und verkündeten (das Evangelium) allerorten,
wobei der Herr mit ihnen wirkt
und das Wort festmacht
durch die begleitenden Zeichen.

Der auferweckte Herr beauftragt seine vom Unglauben zum Glauben befreiten Jünger: „Geht hin in alle Welt und verkündet das Evangelium jeder Kreatur!" Das Evangelium ist die Kunde von *seinem* Herrschaftsantritt über jeden Menschen, für den er dahingegeben wurde und sich selber hingab. Er selbst kündigt sich in dieser durch seine Boten überbrachten Nachricht als der kommende, jeden Menschen zum Leben mit sich aufrichtende Herr an. Und dann geschieht es eben, daß sein Wort nicht leer zu ihm zurückkehrt, sondern Menschen durch ihn und auf ihn hin ausgerichtet, in seinen Dienst gerufen und also Glaubende werden. Sie werden es, indem er sich ihnen zu vernehmen gibt und ihren Starrsinn zugrunde richtet. Darum geht diese Nachricht jeden Menschen an, darum muß sie hinaus in alle Welt.

„Wer glaubt und sich taufen läßt, wird gerettet werden; wer aber nicht glaubt, wird zugrunde gerichtet werden." Was heißt das? Zunächst: Das hier Gesagte ist nicht Inhalt der Missionsverkündigung. Der Auftrag der Boten besteht *nicht* darin, jenen, zu denen sie geschickt wurden, diesen Satz zuzurufen! Sie sollen ja doch das Evangelium überbringen, und damit werden sie alle Hände voll zu tun haben. Nicht sie, sondern ihr Auftraggeber kommt hier auf Zweck und Ziel ihres Botendienstes und dessen Folgen zu sprechen. Er mußte ja darauf zu sprechen kommen, sind seine Boten doch nicht ohne ihn, sondern mit ihm unterwegs, ausgeschickt, ihn anzukündigen. Wenn es denn geschieht, daß ein Mensch infolge des ihm überbrachten Evangeliums seinen Unglauben hinter sich läßt und *glaubt,* er selbst es deutlich macht, indem er mit Freuden davon reden muß und es von jenen, mit denen er nun den Herrn Jesus bekennt, bestätigt haben möchte, wird er gerettet werden. Wieso auch nicht, da er doch nun nicht mehr sich selber, sondern seinem Herrn lebt und leben möchte? Seine Erweckung zum Glauben ist Anfang und Unterpfand seiner Erweckung zum Leben. Wo das bislang unsichtbar blieb, ist der Herr noch dabei, ihn als Ungläubigen zugrunde zu richten, um ihn als Gläubigen aufzurichten.

Wie es keine doppelte Richtung seines Wortes gibt, so auch keine doppelte Wirkung und schon gar keinen doppelten Ausgang. Dieses Mißverständnis kann nur dort aufkommen, wo die Boten es sich an sich selbst genügen ließen und es für möglich hielten, im Leerlauf unterwegs zu sein. Jesu Selbstverkündigung dagegen ist wie die von ihm gebotene Ausbreitung des Evangeliums ein Kampfgeschehen, über dessen Gang und Fortgang im gegenwärtigen Getümmel folgendes zu sagen, dies aber mit Bestimmtheit zu sagen ist: „Wer glaubt und sich taufen läßt, wird gerettet werden; wer aber nicht glaubt, wird zugrunde gerichtet werden."

Seinen Boten, die das Evangelium überbringen sollen und doch niemanden zum Glauben bringen *können,* gilt dieser Satz. Nicht mit irgendwelchen Betrachtungen über Glauben und Unglauben, sondern mit der Gewißheit, daß ihr Herr mit ihnen ist, um Menschen zum Glauben zu erwecken, wie er doch auch sie erweckt hat, sollen sie sich auf die Socken machen. Er sieht, er richtet zugrunde, er richtet auf. Wen er aufgerichtet haben wird, dem werden sie es mit Freuden bestätigen und ihn nach bestem Wissen und Gewissen taufen *können.*

Diejenigen, die der Herr in seinen Dienst genommen hat, werden Zeichen begleiten. Auf diese Zeichen, die sie als Diener des Herrn Jesus ausweisen, sie selbst auch dessen vergewissern, in wessen Dienst sie leben, kommt es hier besonders an. Politische Ereignisse oder irgendwelche Fingerzeige am Himmel und auf Erden sind nicht gemeint. Es handelt sich durchweg um Zeichen, die *die Glaubenden vollbringen,* bzw. um solche Zeichen, die sich in den in Ausübung ihres Dienstes erlittenen Leiden *an ihnen ereignen werden* (vgl. 2Kor 4,1–11). Auf diese Weise wird der Herr mit ihnen wirken und sie in ihrem Botendienst stärken.

Fünf Zeichen werden genannt: Die Vertreibung der Dämonen (1), das Reden in neuen Zungen (2), das Aufheben von (Gift-) Schlangen (3), das ungefährdete Trinken giftiger Flüssigkeiten (4) und die Gesundung der Kranken (5). Diese Zeichen mögen uns befremden. Darum möchte ich die diesem Christen sicher wichtigen Zeichen kurz erläutern.

Unter den Dämonen sind hier solche Kräfte verstanden, die sich der Ausbreitung wie der Annahme des Evangeliums entgegenstellen. Dazu möchten sie es gar nicht erst kommen lassen oder, falls es ihnen mißlang, dieses Unternehmen nach Kräften stören und destruieren. Die Dämonen sind in jeder Hinsicht kommunikationsfeindliche Kräfte, so lästig wie Computerviren, so tückisch wie Falschmeldungen, so flink wie Gerüchte und so lähmend wie Gift. Sie lieben es, Nachrichten zu verzerren, aufzuspalten, umzuleiten, zu überlagern, zu löschen oder sie sogar in ihrem Sinne zu reinigen. Die Boten des Evangeliums machen sie sprachlos, vielleicht auch geschwätzig, und seine Hörer taub. Sie vermögen eine richtige Evangelienflut oder auch ein heiliges Schweigen zu erzeugen, doch in jedem Falle machen sie einsam. Ihr Name ist ‚Legion' (Mk 5,9), heute heißen sie wahrscheinlich ‚Sachzwänge'. Das Steckenpferd, das sie reiten, ist der mehr oder weniger fromme Selbstzweck. Es sind Kräfte, die uns ablenken oder lähmen, recht zu hören, zu reden und zu handeln. Sind wir aber vom Herrn in Anspruch genommen, sein Wort auszubreiten, dann sind wir befähigt, die Dämonen, denen wir normalerweise unterlegen sind, zu vertreiben. Wir sind ja nicht ihr Eigentum. Im Dienst seines Wortes müssen uns die Wortverdreher und Unworte weichen.

Das zweite Zeichen nennt der Autor unserer Zeilen „Reden in neuen Zungen". Da geht es nun weniger um die Vertreibung der Störenfriede des Evangeliums, sondern um die Sprache der Glaubenden: Sie werden in neuen Zungen reden. Keine wortgewaltige oder besonders sprachbegabte Minderheit unter den Glaubenden, nein, alle Glaubenden werden so reden. Mit ihrem „Kyrios Iesous", „Herr ist Jesus", kommen alle zu Wort, reden alle in neuen Zungen, sagen alle die Wahrheit, sprechen sie alle gut und schön. Selbst wenn sie verschiedene Sprachen sprächen und untereinander kein Wort verstünden, darin werden sie einander verstehen, und darin werden sie auch verstanden werden.

Im dritten und vierten Zeichen geht es um tödliche Gefahren. Die Glaubenden werden Giftschlangen aufheben und auch ein ihnen gereichter Gifttrank wird ihnen nicht schaden. Zuerst werden wir darauf hingewiesen, daß Glaubende fähig sind, sich lebensbedrohlichen Feinden (Menschen sind nicht ihre Feinde), zu stellen. Die greifen sie mit dem Evangelium an, heißen jene giftigen Schlangen nun Kaiserkult oder Ausländerfeindlichkeit. Solcher Einsatz ist mit dem Risiko verbunden, selbst getroffen, sogar tödlich getroffen zu werden. Schlangen pflegen sich den Zugriff in den seltensten Fällen gefallen zu lassen. Sie werden sich winden und zu beißen versuchen, um ihm zu entkommen. Glaubende wissen, daß ihr todbringender Biß kein erfolgreiches Unterfangen sein kann, da sie sich in der Hand des lebendigen Herrn wissen, der sie so oder so retten wird. Daß sie Glaubende wurden und sein dürfen, ist ja kein theoretisches, sondern ein sehr praktisches Wissen, mit welchem sie in ihrem Botendienst überaus praktische Erfahrungen machen werden.

Es mag vorgekommen sein, daß man mancherorts den Boten Jesu heimlich Gift zu trinken gab, um ihre Qualifikation zu testen. Jedenfalls machten solche Schreckensmeldungen gerade im zweiten Jahrhundert die Runde. Adressaten des Evangeliums haben manchmal haarsträubende, manchmal lebensgefährliche Vorstellungen davon, wie Boten des Herrn aufzutreten und den Beweis ihrer Sendung zu erbringen haben. Da treffen sie leider auch solche und vielleicht nicht einmal böse gemeinte Gemeinheiten. Hier wird ihnen versichert, daß sie derartige Anschläge auf Leib und Leben schadlos überstehen. Selbst heimlich verabreichtes Gift wird ihren Herrn und darum auch sie nicht aufhalten, so wenig wie die Dämonen.

Zum Schluß werden die Kranken erwähnt und die Fürsorge für sie. Es geht auch hier nicht um Zauberei oder um besondere medizinische Kenntnisse, die sie sich angeeignet hätten. Es geht schlicht um ihre Hand für jene, die die Glaubenden im Licht ihres sich der Bedürftigen erbarmenden Herrn am deutlichsten sehen. Sie sehen sich ja selbst in ihnen. Da steht es nun Schwarz auf Weiß, uns aufgeklärten Abendländern zum Trotz, daß die Kranken, all die hoffnungslosen Fälle unter ihnen nicht zu vergessen, durch die Berührung der Glaubenden gesunden und sich auf dem Wege der Besserung befinden.

Daß Glaubende von Wunder zu Wunder eilen, ist nicht gesagt. Gesagt ist nur, daß es solche Zeichen geben wird und daß es *diese* Zeichen sein werden, mit denen Jesus Christus sich frei zu seinen Boten bekennt. Sie begleiten die Glaubenden, machen sein Wort bei ihnen wie auch sie selber fest, sie machen ihren Dienst zu einem glücklichen Unternehmen. Und jene sollen es als Hinweis auf sein Begleiten nehmen.

„Nachdem der Herr Jesus so zu ihnen geredet hatte, wurde er in den Himmel aufgenommen, und er setzte sich zur Rechten Gottes." Wie in der Beschreibung des Osterereignisses, so wird auch hier auf ein doppeltes Tun Wert gelegt. Jesu Aufnahme in jenen oberen, sich über uns wölbenden, uns berührenden, aber unzugänglichen Bereich der Schöpfung widerfuhr ihm, wie ihm die Auferweckung aus den Toten widerfuhr. Das Platznehmen zur Rechten Gottes hingegen, seine Teilnahme an Gottes Weltherrschaft, vollzieht er in eigener Aktion, wie er in eigener Aktion Menschen begegnet und sie zum Glauben erweckt. So ist festgehalten, daß er den Himmel weder erkämpft noch erobert hat, und andererseits, daß er an der Herrschaft Gottes nicht als einer unter anderen, nicht als vor- oder beiseitegeschobener Vasall, weder als Marionette noch als Gottes gelehrigster Schüler, sondern eben in eigener Aktion voll und ganz beteiligt ist. Dazu wurde er in den Himmel aufgenommen, um als der auferweckte Mensch Jesus an der entscheidenden Stelle Platz zu nehmen.

Kein Gedanke also, daß der Herr Jesus sich zurückgezogen und seine irdischen Botschafter auf unabsehbare Zeit sich selbst überlassen hätte. Der Hinweis auf sein Platznehmen zur Rechten Gottes ist einem alttestamentlichen Thronbesteigungspsalm entnommen. So wird treffend zum Ausdruck gebracht, daß er endgültig die Herrschaft im Himmel und auf Erden angetreten hat, keineswegs fern, sondern nah, mit seinen Jüngern wirkend: Die aber zogen los und verkündeten das Evangelium überall.

II

Der Aufstieg zum Vater

Salbung in Bethanien

Johannes 12,1–8

1 Sechs Tage vor dem Passafest kam Jesus nach Bethanien,
wo Lazarus war,
den Jesus aus den Toten auferweckt hatte
(vgl. 11,1–46).
2 Dort bereiteten sie ihm ein Gastmahl
(vgl. 2,1 ff; 13,2.4; 21,9ff),
und Martha bediente
(vgl. 2,5.9; 12,26).
Lazarus aber war einer von denen,
die mit ihm zu Tische lagen.
3 Da nahm Maria ein Pfund Salböl
(vgl. 19,39; Mk 14,3–9)
von unverfälschter kostbarer Narde,
salbte die Füße Jesu
und wischte seine Füße mit ihren Haaren ab
(vgl. Joh 11,2.32; 13,5; Lk 7,38.44.46).
Das Haus aber wurde erfüllt vom Duft des Öls
(vgl. JosAs 17,4; 2Kor 2,14–16).
4 Judas, der (Sohn des) Iskariot
(vgl. Joh 6,70 f; 13,2.26 f.29; 18,2.3.5.12),
einer seiner Jünger,
der ihn ausliefern würde
(vgl. 6,64.71; 13,2.11.21; 18,2.5.30.35 f; 19,11.16.30; 21,20),
spricht aber:
5 „Warum wurde dieses Öl nicht für dreihundert Denare
verkauft und (der Erlös) den Armen gegeben?"
6 Das sagte er aber nicht,
weil ihm an den Armen lag,
sondern weil er ein Dieb war
und die Kasse mit den Einkünften verwaltete
(vgl. 6,7; 10,1.8.10.13; 13,29).

7 Da sagte Jesus:
„Laß sie,
sie hat es für den Tag meines Begräbnisses aufbewahrt
(vgl. 18,1–19,42)!
8 Denn Arme habt ihr allezeit bei euch,
mich aber habt ihr nicht allezeit."

Der hier erwähnte Lazarus war an seiner Krankheit gestorben. Als er noch lebte, hatten sich seine beiden Schwestern Maria und Martha an Jesus gewandt und ihn gebeten, er möge kommen und seinem geliebten Freunde helfen, ehe es zu spät sein würde. Jesus kam zu spät, sogar absichtlich zu spät. Als er endlich eintraf, war alles vorbei, da lag der Lazarus, zu deutsch ‚Gott hilft', schon drei Tage begraben. Beide Frauen machten Jesus bittere Vorwürfe darum. Martha verlor dennoch nicht alle Hoffnung. Sie erkannte, daß Gott seinem für seine Geliebten in der Welt bittenden Sohn keine Bitte abschlagen würde (11,21 ff; vgl. 14,13.16; 16,26; 17,9.15.20). Maria aber war zu Jesu Füßen tränenüberströmt zusammengebrochen (11,32 f).

Der Tod schlägt nieder, macht niedergeschlagen. Soll uns geholfen sein, müßte uns davor geholfen sein. Ist er erst einmal eingetreten, kommt jede Hilfe zu spät. Jesus nicht! Der kommt noch immer zur rechten Zeit. Am vierten Tag, am Tag auf seinen Tag, verschaffte er sich, all der Klagen überdrüssig, Zugang in das Grab. Martha fiel ihm in den Arm, doch der Gestank ihres toten Bruders hinderte Jesus nicht. Der rief den bereits im Verwesen begriffenen Lazarus in die Gemeinschaft der Lebenden zurück (11,34 ff). Ist der Tod eingetreten, dann kommt, wie hier behauptet wird, nicht jede Hilfe zu spät, weil eben derjenige kommt, der im Johannes-Evangelium „die Auferstehung und das Leben" heißt (11,25).

Sechs Tage vor dem Passafest (als die Passalämmer ausgesondert wurden [Ex 12,3]) kam Jesus wieder nach Bethanien. Das Dorf lag in einer Gegend, wo man ihm und bald auch Freund Lazarus nach dem Leben trachtete. Sein Aufenthaltsort sollte dem Hohen Rat in Jerusalem zur Anzeige gebracht werden (Joh 11,53 f.55–57; 12,9–11). Doch das schreckte ihn nicht ab. Gleich wird er tatsächlich angezeigt, aber ganz anders angezeigt, auch wenn man sich dadurch strafbar macht: „Da nahm Maria ein (römisches) Pfund (= 327 g) Salböl von unverfälschter, kostbarer Narde, salbte die Füße Jesu und trocknete seine Füße mit ihren Haaren. Das Haus aber wurde erfüllt vom Duft des Öls."

Narde ist ein ostasiatisches Gewächs, aus dessen Wurzel jenes überaus kostbare Salböl gewonnen wurde. Maria kommt mit einem ganzen Pfund davon und gießt es über die Füße dessen, der dem Weg ihres Bruders gefolgt, in Grab und Tod gegangen war, um ihn dort herauszurufen. Deshalb sitzt der Lazarus, der im Grabe gelegen und den üblen Geruch der Verwesung und des Todes verbreitet hatte (11,39), nun mit am Tisch mit dem, der den Duft des Lebens verströmt (vgl. 3,34; 6,63.68; 8,47; 12,48; 14,10; 15,7; 17,8) und ein Haus des Todes und der Trauer (11,11.19.31.33) inmitten von Todesgefahr (10,39; 11,8. 12f.47–54.57; 12,10) in ein Haus festlicher Freude zu wandeln vermag (vgl. Jes 25,6–8). Maria, die wegen ihres Bruders Tod zu Tode getroffen war und heulend einst zu Jesu Füßen lag, macht es in überschwenglicher Dankbarkeit sichtbar und sogar ruchbar, indem sie das kostbare Parfüm, das sie besitzt, verschwenderisch über seine Füße gießt, mehr noch, das Zuviel des Öls mit ihren Haaren verteilt und auffängt, so daß das ganze Haus vom Duft des Öls erfüllt wird. Nein, da wird kein steifer Knicks gemacht und nicht in irgendeiner protokollarischen Form Dank abgestattet, sondern ohne alle Distanz und offenbar auch ohne alle Sorge, sich daneben zu benehmen, ihr Dank ausgelebt. Das Salben der Füße und das Auffangen des überschüssigen Öls mit ihrem Haar, dieser Dank der Maria hat ja sogar so etwas wie eine erotische Seite. Den Erzähler hat es nicht gestört, so daß er es hätte unterdrücken müssen, und seinen Jesus erst recht nicht. Es war ihm nicht peinlich. Der eigentümliche Weg, den Jesus nahm, erst hinunter und dann hinauf, der Weg, den er gerade dort eröffnete, wo Maria selber keinen Weg sah, vielmehr nur noch seine Füße vor sich hatte, der führte sie zur Freude. So ist das Öl auf den Füßen dessen, der ihrem Bruder nachgegangen war – Maria weiß nun, was das bedeutet! –, ihres Hauptes wie ihres Hauses Freudenöl.

Einer seiner Jünger sitzt dabei, Judas Iskariot, dem der Geruch des Lebens wie das herrlich duftende, ihren Gast ehrende Freudenöl der Maria stinkt. Der riecht etwas anderes, sieht etwas anderes, hat etwas anderes im Sinn. Darum spricht er auch etwas anderes: „Warum wurde dieses Öl nicht für dreihundert Denare verkauft und (der Erlös) den Armen gegeben?" Und dann wird das gleich noch kommentiert, daß er mit dieser vorwurfsvollen Frage keineswegs um der Armen willen, sondern um seiner eigenen Begehrlichkeit willen Einspruch erhob, „weil er ein Dieb war und die Kasse mit den Einkünften verwaltete."

Das ist das Schreckliche an der Geschichte, daß einer seiner eigenen Jünger es nicht sah, was es in jenem Haus, da Jesus eingekehrt war, zu sehen und sogar zu riechen gab. Darum nicht, weil er, aus welchen Gründen auch immer, dazu offenbar nicht imstande war, sich das Schicksal auch nur eines anderen außer seines eigenen wirklich angehen zu lassen: Das Todesschicksal eines armen Lazarus nicht, die abgrundtiefe Trauer einer armen Maria nicht, den dem Lazarus folgenden Todesweg eines Rabbi Jesus nicht, die überschwengliche Dankbarkeit der Maria nicht. Für ihn, nein doch, für die vielen Armen springt bei der grotesken Verschwendung des Parfüms am Ende hier nichts ab. Ihm stinkt das alles, wie es einem Räuber der Menschlichkeit, einem Dieb der Dankbarkeit, einem Kassenwart der Liebe Jesu Christi eben stinken muß. Und man kann nun auch dem armen Judas Iskariot nicht einmal böse, sondern eigentlich nur bestürzt und traurig über ihn sein, daß sein Interesse an den anderen lediglich seinem Eigeninteresse entspringt. Nötigenfalls würde er sie ihm auch opfern. Dieser Jünger zeichnet den weiteren Weg Jesu vor. Maria aber soll er mit seiner Rechnerei verschonen: „Laß sie, sie hat es für den Tag meines Begräbnisses aufbewahrt!"

Dafür soll ihr Dank nun gut gewesen, ihr Freudenöl aufgespart worden sein – für den Tag seines Begräbnisses! Dieser Tag ist jetzt gekommen, hat eine Woche im Voraus getagt. Das mag den Armen gegenüber die Sonderausgabe für ihn rechtfertigen. Bald wird keine Gelegenheit mehr dazu sein. Das Öl für einen Armen, der bald tot sein würde, verkauft man schließlich nicht. Der Hinweis soll wohl aber auch besagen, daß das ihn so herzlich ehrende, sie selbst und ihr Haus erfüllende Dankeschön der Maria, nicht die Menge oder der Preis des Öls (vgl. Joh 19,39), ihn nun beflügelt, seinen Weg weiter und konsequent zu Ende zu gehen, dorthin, wo Judas Iskariot ihn hinbringen wird.

Fußwaschung

Johannes 13,1–17

1 Vor dem Passafest aber
wußte Jesus
(vgl. 5,32; 6,61; 8,14; 13,3; 18,4; 19,28),
daß seine Stunde gekommen war
(vgl. 2,4; 4,23; 5,25.28; 7,30; 8,20; 12,23.27; 16,2.25.32; 17,1; 19,27),
aus dieser Welt zum Vater hinzugehen
(vgl. 5,24; 18,36).

Geliebt hatte er die Seinen in der Welt,
bis zum Ende liebte er sie
(vgl. 11,5; 13,23.34; 14,21.23; 15,9.12; 17,23.26; 19,26; 21,7.20):
2 Als das Mahl im Gange war,
der Teufel hatte Judas, (dem Sohn) des Simon Iskariot,
schon eingegeben, ihn auszuliefern,
3 stand er in dem Wissen,
daß ihm der Vater alles in die Hände gegeben hatte
(vgl. 3,35; 5,22.26f.36; 6,39; 10,28–30; 17,2f.6–8; 18,11),
und daß er von Gott ausgegangen war
(vgl. 1,9.11; 3,2.8.31; 5,43; 8,42; 12,13; 16,27f.30; 17,8),
und zu Gott hingeht
(vgl. 3,8; 7,33; 8,14.21f; 13,33.36; 14,2–6.12.28; 16,5.7.10.17.28; 17,11.13; 20,17),
4 vom Mahle auf,
legte seine Kleider ab
(vgl. 13,12; 19,23f),
nahm ein Linnen und schlug es sich um.
5 Dann goß er Wasser in die Schüssel
und begann den Jüngern die Füße zu waschen
und sie mit dem Tuch, das er umgelegt hatte, abzutrocknen
(vgl. TestJos 11,2f; 17,7f; JosAs 6,8; 7,1; 13,15; 20,1–5).

6 Als er zu Simon Petrus kommt,
spricht der zu ihm:
„Herr,
du willst mir die Füße waschen?"
7 Jesus antwortete
und sagte zu ihm:
„Was ich tue, verstehst du jetzt nicht,
du wirst es aber hernach erkennen"
(vgl. Joh 9,19.25; 10,6.25; 13,12–17.19.28; 14,12).
8 Spricht Petrus zu ihm:
„Nie und nimmer sollst du mir die Füße waschen!"
Jesus antwortete ihm:
„Wenn ich dich nicht wasche,
hast du keinen Anteil an mir"
(vgl. 6,44.53.65; 12,24)!
9 Spricht Simon Petrus zu ihm:
„Herr,
nicht nur meine Füße,
sondern auch die Hände und den Kopf!"
10 Spricht Jesus zu ihm:
„Der Gebadete hat es – bis auf die Füße –
nicht nötig gewaschen zu werden,
sondern er ist ganz rein.
Und ihr seid rein,
aber nicht alle"
(vgl. 13,11; 15,3; 1Kor 6,11).
11 Schließlich kannte er den,
der ihn ausliefert
(vgl. Joh 2,24f; 6,70f; 13,18.21).
Darum hatte er gesagt:
Nicht alle seid ihr rein
(vgl. 8,23.31.39.47; 10,27–29; 15,3.14.19).

12 Als er nun ihre Füße gewaschen hatte,
legte er seine Kleider an,
und nachdem er wieder Platz genommen hatte,
sagte er zu ihnen:
„Erkennt ihr, was ich euch getan habe?

13 Ihr nennt mich ‚der Lehrer' und ‚der Herr',
und ihr sprecht recht, denn ich bin es.
14 Da nun ich, der Herr und der Lehrer,
euch die Füße wusch,
seid auch ihr schuldig, einander die Füße zu waschen.
15 Ein Vorbild habe ich euch gegeben,
damit auch ihr tut,
wie ich euch getan habe.
(vgl. 13,34; 1Joh 2,6; 3,16; 4,11; Lk 11,4; 17,10; Phm 1,18; Röm 13,8).
16 Amen, Amen, ich sage euch
(Joh 13,20f; 14,12; 16,20.23):
Der Sklave ist nicht größer als sein Herr,
(und) der Gesandte nicht größer als der,
der ihn sandte
(vgl. 15,9–20; Mt 10,24; Lk 22,26f)!
17 Da ihr dies wißt,
zu loben seid ihr, wenn ihr danach tut"
(vgl. Joh 14,12.15.21; 15,12.14.17; 20,29)!

An derjenigen Stelle, wo die anderen Evangelisten vom letzten Mahl Jesu mit seinen Jüngern, einem Passamahl, und von der Stiftung des Abendmahles erzählen (Mk 14,12–25; Mt 26,17–29; Lk 22,7–38), bringt der Evangelist Johannes die Geschichte von der Waschung der Füße. Sie eröffnet die zweite Hälfte seines Buches.

Bevor es richtig losgeht, gibt der Evangelist drei Hinweise, gewichtige Hinweise. Der erste bezieht sich auf den von Jesus gewußten Anbruch seiner Stunde. Vor dem Passafest, an welchem Israel seiner Befreiung aus der Knechtschaft fremder Herren gedenkt, wußte Jesus um die Nähe seines Hingangs aus dieser Welt zum Vater. Er schlitterte, er stolperte nicht in seine Stunde, ging nicht bewußtlos, sondern wissend als der Herr in sie hinein. Ein Mahl war im Gange, und auch der Sohn des Simon Iskariot war bereits infiziert. Was ihm noch zu tun blieb, das tat er (zweitens) wie bisher im Bewußtsein seines Kommens von und seines Gehens zu dem Vater, der alle Welt samt Judas Iskariot und auch sich selbst seiner Hand anvertraut hat.

Sich den Seinen in der Welt mitteilend, sich selbst ihnen gebend und so an sich Anteil gebend, das hatte (drittens) seinen Weg in der Welt ausgemacht. Und so hielt er es bis zuletzt: Bis zuletzt liebte er die Seinen in der Welt, wusch er ihnen zum Schluß die Füße. Nicht in Verleugnung oder Verlust seines Wesens, er tat dies in der Einheit mit seinem Vater.

Während des Mahles mit den Jüngern stand Jesus plötzlich auf, legte seine Oberkleider ab, um volle Bewegungsfreiheit zu haben, nahm sich ein Handtuch und schlug es sich um. Dann goß er Wasser in eine Schüssel und begann den Versammelten die Füße zu waschen und sie mit dem Tuch, das er sich umgelegt hatte, abzutrocknen. Was er da für sie tut, ähnelt verdächtig dem Dienst eines Sklaven. Es handelt sich um keinen höheren, sondern um einen niederen, um den niedrigsten Dienst. Tiefer als bis zu den Füßen kann man für Menschen nicht herab. Jesus erhob sich herab. Er tat es freiwillig, um dort unten seine Arbeit zu vollenden. Von seinen Jüngern hatte ihn keiner dazu angeregt.

Die Peinlichkeit der Situation liegt auf der Hand. Statt die Herzen dieser Tischgesellschaft zu heben, kümmert sich Jesus um ihre Füße. Und das beim Essen! Als er zu Petrus kommt, äußert der sein Befremden. Es ist ihm unbegreiflich, was Jesus tut und nun auch an ihm tun will. Jesus bittet ihn, was er jetzt nicht versteht, sich dennoch gefallen zu lassen. Er wird verstehen, wenn es vollbracht sein wird. Petrus aber sträubt sich noch mehr. Wie einen dreckigen Sklaven, der ihm zu Füßen liegt und seine Füße wäscht, will er ihn nie und nimmer haben. Aufblicken will er zu ihm, nicht hinunter. Verehren will er ihn, nicht sich seiner schämen müssen. Nachfolgen will er ihm, aber nicht so. Als Jesus sagt, daß er anders keinen Anteil an ihm habe, ist Petrus wie ausgewechselt. Anteil will er durchaus an ihm haben, nicht nur mit seinen Füßen, sondern mit Kopf und Händen, Haut und Haar. Petrus hat verstanden. Doch ehe er sich seiner Sachen entledigt und in die Schüssel steigt, um sich von oben bis unten von Jesus abseifen zu lassen, wird er gebremst: „Der Gebadete hat es – bis auf die Füße – nicht nötig, gewaschen zu werden, sondern er ist ganz rein."

Das gibt es doch nicht! Eben noch hatte Petrus sein Einverständnis erklärt, sich mit Freuden einer kompletten Waschung zu unterziehen, jetzt wurde ihm eröffnet, daß er das gar nicht mehr nötig hat, weil er bereits gebadet und also rein ist. Es fehlen nur noch seine Füße.

Judas Iskariot dagegen ist ein Sonderfall, eine Ausnahme. Zu ihm kommen wir noch. Daß Jesus ihn übergangen hätte, ist nicht gesagt. Er hat ihn weder anders als die anderen, noch hat er ihn übel behandelt.

Nachdem er allen Jüngern die Füße gewaschen hatte, legte Jesus seine Kleider wieder an und nahm Platz. Erkennen sie, was er ihnen getan hat? Aber selbstverständlich! Das war nicht zu übersehen, er hatte ihnen die Füße gewaschen. Woran Petrus anstieß, daß nicht irgendeiner, sondern ihr Lehrer, ihr Herr ihnen die Füße wusch, wird nun ausdrücklich bestätigt und sogar noch ausgeweitet. Weil er das für sie getan hat, darum sind auch sie verpflichtet, einander solch niedrigen, niedrigsten Dienst zu leisten. Ein Vorbild habe er ihnen gegeben, damit auch sie tun, wie er ihnen getan hat.

Vorbilder kann man wechseln, nichts leichter als das, sein Vorbild nicht. Man kann es vergessen, aber nicht lange. Sie sind es ihm schuldig, einander die Füße zu waschen. Ein Sklave steht nicht über seinem Herrn, ein Botschafter nicht über seiner Regierung, die ihn entsandte. Das wissen sie alle sehr wohl. Zu loben sind sie, wenn sie sich daran halten. Unmögliches ist nicht von ihnen verlangt.

Erkennen sie, was er ihnen getan hat? Ja und Nein. Er hat ihnen als ihr Herr zuletzt die Füße gewaschen und ihnen damit ein Vorbild gegeben. Nachdem er es getan hatte, war es klar zu erkennen. Er selbst sorgte dafür, daß sie erkennen konnten, was es dort zu erkennen gab: Ihr Herr und Lehrer war sich nicht zu schade dafür, ihre Füße zu reinigen.

Wozu aber die Füße? Warum nur noch die Füße? Wieso zu diesem Zeitpunkt, im Anbruch seiner Stunde, wovon zunächst doch nur er wußte, daß sie angebrochen war? Warum nicht irgendwo außerhalb in einem eigens dafür errichteten Badehaus, sondern ausgerechnet während des Mahles mit ihnen? Ist das Befremden eines Simon Petrus, seine kategorische Abwehr, sein Nichtverstehen dessen, was Jesus tun wollte und getan hat, nun beseitigt? Ist das Rätsel gelöst, warum niemand Anteil an ihm haben würde, wenn Jesus ihn nicht wäscht? In welchem Sinne waren die Jünger denn bereits gebadet, daß sie es – bis auf die Füße – nicht mehr nötig hatten, gewaschen zu werden?

Wie so oft in diesem Buch hat die erzählte Handlung auch hier einen tieferen Grund, einen hellen, aber noch verborgenen Sinn. Jesus hat den Jüngern in der Tat ein Vorbild gegeben, und was für eins! Er hat ihnen ein Vor-Bild, ein Voraus-Bild der Vollendung seines Lebenswerkes gegeben. Wenn es getan ist, wird es ihnen deutlich werden. Er selbst wird es ihnen deutlich machen.

Rein, gewaschen oder gebadet sein bedeutet im Johannes-Evangelium: Nicht aus dieser Welt (17,16; 18,36), sondern von oben (8,23), aus Gott sein und die Worte Gottes hören, wie Jesus sie hört (3,34; 8,28.47; 12,50). Darum sind auf Erden Jesu Worte zu hören, darum ist ihnen Folge zu leisten (10,27; 15,15; 17,6.14). Jesu Taten, die für ihn Zeugnis ablegen, dienen keinem anderen Zweck (5,36; 10,25.38; 14,11). Wer sein Wort hört und in ihm bleibt – lebe er, oder sei er tot (5,25; 11,43)! –, ist wahrhaft sein Jünger (8,31), sein geliebter Freund (3,29; 11,3; 15,14). Nicht, daß jemand sich selbst dazu gemacht hätte, dazu wurde man durch ihn gemacht (6,70; 15,16.19). Gebadet und also vollkommen rein sind seine Jünger schon des Wortes wegen, das er zu ihnen sprach (15,3). Es fehlen, wie gesagt, nur noch die Füße, mit denen jeder Mensch mitten in dieser Welt, einer Welt des Todes steht und geht und am Ende liegt. Dort tragen ihn seine unteren Extremitäten hin.

Die Jünger werden ihrem Herrn jetzt nicht hinterhergehen. Vorerst bleiben sie in dieser Welt (13,33.36; 17,11.15f) als seine Boten (13,20.34f; 17,3.18.21.23; 20,21). Darum will und muß ihr Herr zuletzt hinunter in den Dreck, um sein Reinigungswerk zu vollenden und in dieser Todeswelt mit ihnen eins zu sein, so daß sie ihnen letztlich nichts mehr anhaben kann (16,33; 17,23). Am Ende wird Jesus noch einmal seiner Kleider entledigt sein (19,23f), um volle Bewegungsfreiheit zu haben und sein Leben dafür zu geben, daß seine Geliebten frei entgehen und frei gehen können (6,21; 13,36; 18,8). An den aus dem Tode Herausgeholten werden zuerst deren Füße zu bewundern sein (11,44).

Bezeichnung des Auslieferers

Johannes 13,18–30

18 „Nicht von euch allen spreche ich.
Ich weiß, welche ich erwählt habe
(vgl. 6,70; 15,16.19).
Aber (dies geschieht), damit die Schrift erfüllt würde
(17,12; 19,24.36; vgl. 12,38–41; 15,25):
Der mein Brot nahe bei mir *ißt,*
hat seine *Ferse gegen mich* erhoben
(Ps 41,10).
19 Ich sage es euch jetzt,
bevor es geschieht,
damit ihr glaubt,
wenn es geschieht
(vgl. Joh 11,15; 14,29; 19,35; 20,31),
daß ich es bin
(vgl. 4,26; 6,20; 8,18.24.28; 18,5 f.8).
20 Amen, Amen, ich sage euch
(13,16.21; 14,12; 16,20.23):
Wer jemanden annimmt,
den ich sandte,
nimmt mich an,
wer aber mich annimmt,
nimmt den an,
der mich gesandt hat"
(vgl. 13,27; 18,2 f.5.11.12; 20,21; Mt 10,40).

21 Als Jesus dies gesagt hatte,
wurde er im Geiste erschüttert
(vgl. Joh 5,7; 11,33; 12,27; 14,1.27),
gab Zeugnis davon
und sagte:

„Amen, Amen, ich sage euch:
Einer von euch wird mich ausliefern!"
22 Da sahen die Jünger einander an,
ratlos, von wem er spricht.
23 Einer seiner Jünger,
der, den Jesus liebte
(19,26; 20,2; 21,7.20; vgl. 1,35 ff; 19,25 ff.35; 20,2 ff; 21,2 ff),
lag an der Brust Jesu
(vgl. 1,18).
24 Diesem gibt Simon Petrus einen Wink,
daß er sich erkundigen solle,
wer es sei,
von dem er spricht.
25 Da bog sich jener an Jesu Brust zurück
und spricht zu ihm:
„Herr,
wer ist es?"
26 Jesus antwortet:
„Jener ist es,
dem ich den Bissen eintauche
und gebe."
Dann tauchte er den Bissen ein
und gibt ihn Judas, (dem Sohn) des Simon Iskariot.
27 Und nachdem der den Bissen (bekommen hatte),
fuhr der Satan in ihn
(vgl. 6,70; 8,22; 12,31; 13,2; 14,30; 16,11; Lk 22,3).
Da spricht Jesus zu ihm:
„Was du tun willst, tu bald!"
28 Dies [aber] verstand keiner der Tischgenossen,
wozu er ihn aufgefordert hatte.
29 Einige meinten,
da Judas die Kasse verwaltete,
Jesus habe ihm gesagt:
‚Kaufe ein, was wir zum Fest nötig haben!'
Oder (er spreche) von den Armen,
damit er (ihnen) etwas gebe
(vgl. Joh 12,5 f).

30 Als jener nun den Bissen bekommen hatte,
ging er sofort hinaus
(vgl. 13,32; 19,34).
Es war aber Nacht
(vgl. 3,2; 9,4; 11,10; 19,39; 21,3).

Jesus setzt seine Rede mit einer Einschränkung fort: „Nicht von euch allen spreche ich.“ Einer seiner Jünger hört ganz woanders hin und wird dem ihnen allen gegebenen Vorbild nicht folgen. Einer, den er speiste, und welchem er die Füße wusch, wird ihm einen gehörigen Fußtritt versetzen und ihn seinen Feinden auf einem silbernen Tablett servieren. Jesus zeigt sich davon weder überrascht, noch erhebt er den Zeigefinger. Er hat sich nicht getäuscht, als er auch jenen, dessen Namen er nicht preisgibt, zu seinem Boten gemacht hatte, noch versucht er ihn umzustimmen. Denn das alles geschieht, „damit die Schrift erfüllt würde: Der mein Brot nahe bei mir ißt, hat seine Ferse gegen mich erhoben.“

Darüber, daß dies alles so geschehen wird und geschehen muß, macht sich Jesus weniger Sorgen. Seine Sorge besteht jetzt vielmehr darin, daß er in den bevorstehenden Ereignissen seinen Jüngern als der Herr unkenntlich werden könnte. Deshalb sagt er es ihnen im Voraus, damit sie ja nicht zweifeln, daß er es ist.

Der anschließende Vers („Amen, Amen, ich sage euch: Wer jemanden annimmt, den ich sandte, nimmt mich an, wer aber mich annimmt, nimmt den an, der mich gesandt hat“) wird an dieser Stelle oft als unpassend, als erbauliche Zutat empfunden. Er offenbart seine fulminante Schärfe erst, wenn man sich klar macht, daß er sich eben auch und gerade hier auf Judas Iskariot bezieht. Der bleibt in seinem ungeheuerlichen, unerklärlichen Aufruhr gegen seinen Herrn – sein erwählter Bote! Er wird die zahlreiche Schar seiner Feinde anführen und sie zu ihm bringen. Indem sie sich an diesen halten, nehmen sie Jesus an. Was das für letzteren bedeutet, ist unschwer zu erraten.

„Als Jesus dies gesagt hatte, wurde er im Geiste erschüttert, gab Zeugnis davon und sagte: ‚Amen, Amen, ich sage euch: Einer von euch wird mich ausliefern!‘“

Konnten die Jünger sich bis hierher noch der Illusion hingeben, daß Jesus allgemein und unbestimmt von irgend jemand gesprochen habe, wurde er nun ein wenig deutlicher: Einer von euch! Also keiner aus seiner buckligen Verwandtschaft, keiner von denen da draußen, sondern einer von ihnen! Hier bei einem der Ihrigen fiel der Keim auf fruchtbaren Boden, hier geht die Saat der Gewalt auf. Freilich nicht so, daß man es dem Betreffenden schon von weitem an der Nasenspitze ansieht.

Wie reagieren die Jünger auf diese Ankündigung? Sie sehen sich betroffen an. Es ist ihnen nicht klar, von wem Jesus sprach, und der klärt sie jetzt auch nicht vollständig auf. Wozu fing er dann überhaupt damit an? Um sie an seiner Erschütterung teilhaben zu lassen? Wollte er sie anleiten, nach dem Betreffenden zu fragen und sich von dem schwarzen Schaf in ihren Reihen in aller Form zu distanzieren? Oder geht es immer noch und nun erst recht für sie darum, wenn das eintreffen würde, wovon er sprach, zu glauben, daß er es ist? Dem solches durch einen von ihnen widerfahren wird – er? Nachdem die Jünger einander angesehen hatten, kommt es zu einer umständlichen Fragerei (vgl. 12,20ff).

An dieser Stelle tritt zum ersten Mal im vierten Evangelium jener rätselhafte Lieblingsjünger („der Jünger, den Jesus liebte") ein wenig aus dem Schatten (vgl. 1,35–40). Wie der einziggeborene Gott an der Brust des Vaters liegt und Kunde gebracht hat (1,18), so liegt dieser geliebte Jünger beim letzten Mahl an Jesu Brust (vgl. 21,20). Auch er hat Kunde gebracht. Er ist nicht der einzig Erwählte, nicht der einzig Geliebte, aber er ist ein einzigartiger Zeuge der Wahrheit. Er hat sein Zeugnis aufgeschrieben, es liegt in diesem Buch vor, und seine Schüler halten sich daran. Sie wissen es durch den Beistand des Herrn (14,16–20.26), daß sein Zeugnis der Wahrheit entspricht (21,24). Er war ihr Bote geworden, bei ihm gehen sie in die Schule.

Der geliebte Jünger bekommt von Petrus die Frage zugespielt, um sie an Jesus zu richten: „Herr, wer ist es?" Als ob nur dieser eine, ihm am Herzen liegende Jünger ein Recht zu dieser Frage hat. Als ob nur er die Antwort vertragen kann, ohne sogleich aus der Haut zu fahren und unter Tränen Simons Sohn die bittersten Vorwürfe zu machen. Dieser eine erhält die

Antwort, während allen anderen der Verräter nicht verraten wird (das wird Judas mit seiner Tat später selbst besorgen): „Der ist es, dem ich den Bissen eintauche und ihm gebe." Darauf nimmt Jesus einen Bissen, taucht ihn ein und gibt ihn Judas Iskariot.

Es entsteht keinerlei Aufregung. Petrus scheint seine Frage vergessen zu haben, jedenfalls hakt er nicht nach, niemand hakt nach, der geliebte Jünger schweigt. Der Erzähler berichtet nur, daß Jesus handelt. Er reicht Judas den Bissen, wie er ihn jedem seiner Jünger reichen könnte. Außergewöhnliches läßt sich an dieser Geste nicht bemerken. Jesus gab dem Teufel kein Signal, daß jetzt seine Stunde angebrochen wäre. Nachdem Judas den Bissen bekommen hatte, erzählt Johannes, daß der mörderische Feind des Herrn in Judas hineinfuhr und ihn endgültig für seine Zwecke in Anspruch nahm. Der fuhr nicht etwa in den Bissen, um von Judas verschluckt und auf natürlichem, geschweige auf magischem Wege von ihm aufgenommen zu werden. Jesus gab ihm den Teufel nicht mit dem Bissen, sondern der Satan fuhr, unheimlich genug, zwischen seine Gabe und deren Annahme durch Judas in diesen hinein – dort, wo im Psalm („Der mein Brot nahe bei mir ißt, hat seine Ferse gegen mich erhoben") das Komma steht.

Der Evangelist begnügt sich damit, jenen Ort, den Freiraum zwischen der Gabe Jesu und ihrer Annahme zu bezeichnen. Die Frage, ob Judas den Einbruch des Teufels in sein Wollen hätte verhindern können und ob sein Herr es nicht hätte verhindern müssen, beschäftigt ihn nicht. Es steht um unsere Freiheit nicht besser, wenn man sich stets neue Freiheiten ausdenkt, nachdem das Kind in den Brunnen gefallen ist. Die Frage ist, ob jemand hinterher springt.

Diese erschütternde, äußerlich noch vollkommen unsichtbar bleibende Wendung scheint Jesus nun ganz recht zu sein. Judas erhält von ihm sogar noch den Auftrag: „Was du tun willst, tu bald!"

Seltsamer Verrat. Jesus will, daß sein ihn grundlos hassender Jünger jetzt zum Zuge komme. Er hat sich angreifbar gemacht und – befiehlt, befiehlt gerade so. Er ist es, der den Freundschaftsdienst des Todeskusses von seinem Erwählten nun erwartet. Da bleibt einem die Spucke weg. Es versteht sich fast schon von selbst, daß von den anderen Jüngern, die mit Jesus zu Tische lagen, keiner verstand, wozu Jesus Judas beauftragt hatte. Einige meinten, er solle, da er die Kasse verwaltete, der Ladenschlußzeiten eingedenk, rasch noch ein paar Einkäufe zum Fest erledigen, andere meinten, er sei beauftragt worden, den Armen etwas zu geben.

Nur Judas scheint verstanden zu haben. Als er „den Bissen bekommen hatte, ging er sofort hinaus. Es war aber Nacht." Judas Iskariot geht hinaus in die Finsternis, heraus aus dem Jüngerkreis in die finstere Unwirklichkeit dieser Welt. Er geht hinaus, um seinem Herrn, der ihm in diese Finsternis folgen, ihm und der durch ihn zusammengetrommelten Truppe noch in dieser Nacht überraschend entgegenkommen wird, den Weg und einen entsprechenden Empfang zu bereiten. Obwohl Jesus gegen Judas tausendmal im Recht ist, wird er sich ihm gegenüber nicht ins Recht setzen. Er wird sich seinen nichtswürdigen Dienst gefallen lassen und sowohl ihm als auch den anderen selbst dort noch zuvorkommen.

Gefangennahme

Johannes 18,1–11

1 Nachdem er dies gesagt hatte,
ging Jesus mit seinen Jüngern hinaus
zum (jenseitigen) Ufer des Baches Kidron,
wo ein Garten war
(vgl. 18,26; 19,41).
In den ging er mit seinen Jüngern.
2 Aber auch Judas, der ihn überlieferte,
kannte jenen Ort,
denn Jesus war dort oft mit seinen Jüngern beisammen
(vgl. Lk 22,39).

3 Judas nun holte die Kohorte
(vgl. Joh 18,12; Jdt 14,11; 2Makk 8,23; 12,20.22)
als auch Diener der Oberpriester und der Pharisäer.
(Und) er kommt (mit ihnen) dorthin
mit Laternen, Fackeln und Waffen.
4 Jesus nun, der alles wußte,
was über ihn kommen würde,
ging hinaus
und spricht zu ihnen:
„Wen sucht ihr?"
5 Sie antworteten ihm:
„Jesus, den Nazarener"
(vgl. 18,7; 19,19)!
Spricht er zu ihnen:
„Ich bin es!"
Judas, der ihn überlieferte,
stand aber auch bei ihnen.
6 Als er nun zu ihnen sagte: ‚Ich bin es!',
wichen sie zurück und fielen zu Boden
(vgl. 7,30.46; 8,20; Hiob 1,20; Dan 2,46; 8,12.18; JosAs 4–6).

7 Da fragte er sie wiederum:
„Wen sucht ihr?"
Sie aber sagten:
„Jesus, den Nazarener!"
8 Jesus antwortete:
„Ich sagte euch, daß ich es bin!
Wenn ihr nun mich sucht,
so laßt diese gehen!"
9 Damit wurde das Wort erfüllt,
das er gesagt hatte
(vgl. Joh 18,32):
Von denen, die du mir gegeben hast,
habe ich keinen verloren
(vgl. 6,39; 10,28; 17,12).

10 Simon Petrus nun,
der ein Schwert hatte,
zog es,
schlug nach des Hohenpriesters Sklaven
und hieb ihm das rechte Ohr ab
(vgl. Lk 22,50).
Der Name des Sklaven aber war Malchus.
11 Da sagte Jesus zu Petrus:
„Stecke das Schwert in die Scheide!
Soll ich den Kelch denn nicht trinken,
den mir der Vater gegeben hat"
(vgl. Joh 12,27; 18,36f)?

Östlich von Jerusalem erhebt sich der etwa achthundert Meter hohe Ölberg, dessen Ausläufer die Stadt auch im Nordosten schützen. In der Talsenke zwischen Ölbergkette und Stadt fließt der Kidron (Winterbach), ein Bach, der meist nur zur Regenzeit Wasser führt. Am Fuße des Ölbergs befand sich ein Garten. In der Abendkühle wurde er wie ein Park gern aufgesucht. Auch Jesus hatte sich mit seinen Jüngern ab und an dort aufgehalten. Judas wußte Bescheid. Er naht mit einem ehrfurchtgebietenden Trupp jüdischer Polizeikräfte, den Bütteln des Hohen Rates, sowie einer mindestens ebenso gewaltigen Abteilung römischer Soldaten (eine Kohorte, der zehnte Teil einer Legion, bestand immerhin aus etwa fünfhundert Mann) und führt sie alle sogar an. Sie tragen Laternen, Fackeln und Waffen (oder ist Judas Iskariot ganz allein als ihrer aller Lampen-, Fackel- und Waffenträger gedacht?). So kann man sie schon von weitem gut erkennen.

Eine Gefangennahme stellen wir uns sicher anders vor. Da wird eine günstige Gelegenheit für den Zugriff abgewartet oder geschaffen, das Gelände abgeriegelt, ein Hinterhalt gelegt, damit der Gesuchte auf keinen Fall entwischen kann. Zuvor wurde er in Sicherheit gewogen, um ihn um so besser überrumpeln zu können. Ganz anders hier. Die Häscher kommen, man erkennt sie schon von weitem. Sie nahen in geschlossener Abteilung. Jesus gerät nicht in Panik, seine Jünger ergreifen nicht das Hasenpanier, obwohl sie dafür alle Vorteile für sich hätten. Der Garten ist nach allen Seiten hin offen, das Gelände unübersichtlich. Im Schutz der Dunkelheit könnte man im Nu über alle Berge sein. Jesus aber, „der alles wußte, was über ihn kommen würde", geht jenen, die den Haftbefehl zu vollstrekken haben, entgegen. Judas kommt gar nicht erst zum Kusse, einem bis an die Zähne Bewaffneten dürfte dies auch einige Schwierigkeiten bereiten, er steht sprachlos bei den anderen. Nicht sie stellen die Fragen, sondern Jesus fragt: „Wen sucht ihr?" „Jesus, den Nazarener!" Der zeigt sich selber an: „Ich bin es!" Da „wichen sie zurück und fielen zu Boden." So also ist es um ihre Macht bestellt im Vergleich zu seiner.

Nachdem sich die tausend und ein Mann aufgerappelt hatten, wiederholt sich das Ganze noch einmal. Jesus fragt, wen sie suchen. Sie antworten wie gehabt. Darauf ermuntert er sie, zur Sache zu kommen und sich auf ihre Aufgabe zu konzentrieren: „Ich sagte euch, daß ich es bin! Wenn ihr nun mich sucht, so laßt diese gehen!"

In dieser Situation, die kaum etwas Bedrohliches an sich hat, höchstens für die bewaffneten Chargen, und einer gewissen Komik nicht entbehrt, erinnert der Erzähler seelenruhig an ein Jesuswort von früher, das er wie die Bibel zitiert. Jesus stellt sich vor seine Jünger und sorgt dafür, daß sie frei abziehen können. Er hat keinen von ihnen verloren – außer dem einen, den er verlieren mußte, damit die Schrift erfüllt würde (17,12) –, und er wird keinen verlieren, auch dann nicht, wenn einer von ihnen stürbe (vgl. 5,25; 11,1 ff; 21,18 f). Was für eine Geschichte! Wer nimmt hier eigentlich wen gefangen?

Simon Petrus, einer seiner Jünger, will sich nicht geschlagen geben. Der Worte sind genug gewechselt, der Hitzkopf zieht sein Schwert und schlägt dem maior domus des Hohenpriesters das rechte Ohr ab. Befehle wird der keine mehr entgegennehmen, selbst wenn er Malchus (König) heißt und es zu höchsten Würden gebracht hat! Da wir nun Petrus kaum für einen Linkshänder halten sollen, so heißt dies wohl, daß Petrus hinterrücks zuschlug, gegen einen im Grunde Wehrlosen obendrein. Das ist nicht besonders nett. Doch es kommt nicht zum Tumult, nicht zur Verhaftung des Heißspornes. Die Geschichte gipfelt vielmehr in dem Befehl Jesu und der diesen Befehl motivierenden vorwurfsvollen Frage, die keinen Widerspruch duldet: „Stecke das Schwert in die Scheide! Soll ich den Kelch denn nicht trinken, den mir der Vater gegeben hat?"

Schaut man sich das etwa eine Generation ältere Markus-Evangelium an und liest nach, wie die Ereignisse dort geschildert werden, dann treten die Besonderheiten unserer Erzählung noch deutlicher hervor. Markus berichtet von der Anfechtung, der sich Jesus in Gethsemane zu erwehren hatte und, ohne sich selbst zu behaupten, mit Bravour erwehrt hat. Jesus erschauerte davor, was ihn erwartet. Seine Seele war zu Tode betrübt. Da seine Jünger in den Schlaf sanken, flehte er zu Gott, der Kelch, ihn gegen sich zu haben und die Vernichtung des Menschen der Sünde, der er nicht ist, zu trinken, auszutrinken zu bekommen, möge an ihm vorübergehen. Etwas anderes als der, nach dessen freiem Willen er da fragte, wollte er allerdings nicht (14,32–42). Markus betont, welcher Einsamkeit, welcher Gottverlassenheit Jesus entgegensah und frei entgegenging.

Die Gefangennahme erzählt Markus folgendermaßen: Nach dem Judaskuß wurde Jesus festgenommen. Der Schwerthieb eines Menschen, der sich von außen mit Gewalt einmischte, vermochte daran nichts zu ändern. Widerstand zwecklos, lächerlich. Ein schwer beleidigter Jesus, dem man ohne Grund in den

Rücken gefallen war, wandte sich an die Häscher: „Wie gegen einen Räuber seid ihr mit Schwertern und Knüppeln ausgezogen, um mich gefangen zu nehmen", heißt es da. „Tag für Tag war ich bei euch im Tempel und habe gelehrt, und ihr habt mich nicht verhaftet! Aber das mußte ja so kommen, „damit die Schriften erfüllt„ würden. Zuletzt wird berichtet, wie die Jünger flohen und Jesus alle im Stich ließen (14,43–52), den Bekundungen ihrer aufrichtigsten Anteilnahme zum Trotz (14,27–31).

Die johanneische Erzählung geht etwas andere Wege. Jesu Innehalten und sein Fragen sind nicht unterdrückt, geschweige geleugnet. Sie wurden aber schon im Vorfeld geklärt, damals, als es noch um sein Kommen in die Welt ging (vgl. 12,27f). Der in die Welt gekommene Gottessohn aber kommt immer schon von seinem freien Gehorsam gegen seinen Vater her, und das heißt bei Johannes, er befiehlt in Vollmacht wie kein anderer. Hier wird befohlen, und hier werden Befehle ausgeführt. Jesus wird nicht hinterrücks überrumpelt, er geht den Bewaffneten entgegen. Er wird nicht festgenommen, sondern geht aus freien Stücken mit. Erst nachdem seine Freiwilligkeit und seine Bewegungsfreiheit herausgestellt sind, wird er festgenommen und gefesselt (18,12). Er wird nicht ihr, sie werden seine Gefangenen. So bekommen sie ihn zu fassen, und so sollen sie ihn zu fassen bekommen. Was ein Petrus nicht wahrhaben will, sie tun ganz recht daran. Jesus tritt weder als Opfer noch als ein ängstlicher Schwächling auf, so ja auch bei Markus nicht, sondern als der von Anfang an alles überragende, seine eigene Gefangennahme inszenierende Held. Es geschieht nichts, was er nicht will, nichts, was er nicht längst wußte, und noch einmal nichts, worin ihm der Handlungsspielraum beschnitten oder genommen wäre. Er agiert in freier Übereinstimmung mit Gott und befiehlt darum in jeder Lage, *wie er will* (vgl. 10,17f.30), nur im Tode und als Toter nicht (vgl. 9,4). Wenn er gewollt hätte, so wären die zunächst vor ihm zurückgewichenen und zu Boden gegangenen Diener der Juden und der Heiden nicht noch einmal aufgestanden. Simons kurzsichtiges Dreinschlagen stört ihn nur, seinen Auftrag zu erfüllen.

Wie kommt der vierte Evangelist dazu, die Dinge auf diese Weise darzustellen? Wieso tilgt er insbesondere jene Züge, die auch nur den Hauch eines Zweifels aufkommen lassen, hier geschähe nicht zuerst und zuletzt Jesu eigener, sondern ein fremder Wille? Warum entfaltet der Evangelist Jesu Weg ans Kreuz nicht als eine Leidens-, sondern von Anfang an und in jeder Beziehung als eine triumphale Siegesgeschichte, wo es nichts zu bedauern, nichts zu betrauern gibt?

Die wunderliche Erzählung von Jesu Gefangennahme gibt darauf folgende Antwort. Der Weg ans Kreuz war der Weg des Herrn: „Ich bin es!" Und dieser Herr kroch nicht zu Kreuze. Er war Gott gehorsam und darum frei, seinen Feinden entgegen zu gehen. Er, dem Gott alles in die Hände gegeben hatte, war so frei, sich in ihre Hände zu geben und von ihnen zu empfangen, was sie ihm zu geben hatten, seinem Befehl gehorchend, geben mußten. Seine Gefangennahme war der Anfang vom Ende, sein Ende aber der Anfang seiner Erhöhung. Indem Jesus sich seinen mit vereinten Kräften gegen ihn vorrückenden Feinden, Juden und Heiden, die alle beide dem Tod in die Hände arbeiten, hingab, nahm er sie gefangen und in seine Obhut.

Jesus vor Hannas

Johannes 18,12–27

12 Die Kohorte nun
(vgl. 18,3)
und der ‚Tausendschaftsführer' (Judas)
und die Diener der Juden
nahmen Jesus fest und banden ihn
(vgl. 7,30.32.44; 8,20; 10,39; 11,57).
13 Und sie führten ihn zuerst zu Hannas.
Denn der war der Schwiegervater des Kaiaphas,
welcher in jenem Jahr Hoherpriester war.
14 Kaiaphas aber war es,
der den Juden geraten hatte,
daß es besser ist,
wenn ein Mensch für das Volk stirbt
(als daß das ganze Volk zugrunde geht)
(11,47 f.50; vgl. 18,17.29; 19,5).

15 Simon Petrus aber und ein anderer Jünger
waren Jesus gefolgt.
Jener Jünger aber war dem Hohenpriester bekannt
und betrat mit Jesus das Anwesen des Hohenpriesters,
16 Petrus aber blieb draußen vor dem Tore stehen.
Da kam nun der andere Jünger,
der Bekannte des Hohenpriesters,
sprach mit der Türhüterin
und geleitete Petrus hinein.
17 Da spricht die junge Türsklavin zu Petrus:
„Bist nicht auch du einer
von den Jüngern dieses Menschen?"
Spricht jener:
„Ich bin es nicht!"
(vgl. 18,5.8)

18 Die Sklaven aber und die Diener hatten,
weil es kalt war, ein Kohlefeuer gemacht
(vgl. 21,9).
Sie standen da und wärmten sich.
Petrus aber war auch bei ihnen,
stand und wärmte sich.

19 Der Hohepriester nun befragte Jesus
über seine Jünger
und über seine Lehre.
20 Jesus antwortete ihm:
„Ich habe zur Welt öffentlich geredet.
Allezeit habe ich in Synagoge(n)
und in dem Tempel gelehrt
(vgl. 6,59; 7,14.28; 8,2.20),
wo sich alle Juden versammeln,
und im Geheimen habe ich nichts geredet
(vgl. 7,4.10.13.26; 10,24; 11,54; 16,25.29).
21 Was fragst du mich?
Frage die Hörer,
was ich zu ihnen geredet habe!
Siehe, diese wissen,
was ich gesagt habe."
22 Als er dies gesagt hatte,
gab ihm einer der dabeistehenden Diener
eine Ohrfeige
und sagte:
„Antwortet man so dem Hohenpriester?"
23 Jesus antwortete ihm:
„Wenn ich unrecht geredet habe,
so weise mir das Unrechte nach!
Habe ich aber recht (geredet),
weshalb schlägst du mich?"
24 Darauf ließ ihn Hannas gebunden
zum Hohenpriester Kaiaphas abführen.

25 Simon Petrus aber stand und wärmte sich.
Da sagten sie zu ihm:

„Bist nicht auch du einer von seinen Jüngern?"
Jener leugnete und sagte:
„Ich bin es nicht!"
(vgl. 18,5.8)

26 Spricht einer von den Sklaven des Hohenpriesters,
ein Anverwandter dessen,
dem Petrus das Ohr abgehauen hatte
(vgl. 18,10):
„Habe ich dich nicht im Garten bei ihm gesehen?"

27 Da leugnete Petrus wiederum.
Und sogleich krähte ein Hahn
(vgl. 13,36–38).

Der Hohe Rat (vgl. 11,47–53) war die oberste jüdische Gerichts- und Verwaltungsbehörde in Jerusalem. Er bestand aus 71 Mitgliedern. Den Vorsitz führte der Hohepriester (ursprünglich ein Amt auf Lebenszeit und erblich; die Römer vergaben es zuletzt jährlich neu). Neben den Angehörigen des Priesteradels und der Laienaristokratie gehörten die (zumeist pharisäischen) Schriftgelehrten (Juristen und Theologen) dem Hohen Rate an. Der Hohe Rat tagte regelmäßig in der Quadersteinhalle des inneren Tempelvorhofs. Es gehörte zu seinen vornehmsten Aufgaben, das Gesetz zu pflegen, die Aufsicht über den Tempel zu führen und die Gemeinden zu leiten. Dem Rat oblag die gesamte zivile und religiöse Gerichtsbarkeit in Judäa und Jerusalem. Er verfügte über eine eigene Polizei. Einst hatte er sogar über Krieg und Frieden zu entscheiden. Doch schon Herodes der Große (37–4 v.Chr.) hatte die politischen Befugnisse des Hohen Rates eingeschränkt. Zur Zeit Jesu durfte ein Todesurteil wohl nur noch von den Römern vollstreckt werden.

Hannas war im Jahre 6 n.Chr., als Judäa eine römische Unterprovinz wurde, durch den Legaten der militärisch verwalteten Provinz Syrien, Quirinius (vgl. Lk 2,2), zum Hohenpriester eingesetzt worden. Im Jahre 15 wurde er durch den Prokurator Valerius Gratus (15–26 n.Chr.) abgesetzt, behielt aber weiterhin den Titel. Zeitweilig bekleideten seine fünf

Söhne (aber immer nur für ein, höchstens zwei Jahre) das Amt. In den Jahren 18–37 n. Chr. war sein Schwiegersohn Kaiaphas (Seher) Hoherpriester. Hannas blieb ein einflußreicher, für den Autor der Erzählung der maßgebliche Mann.

Nach seiner Festnahme wurde Jesus zunächst diesem Vater der hohepriesterlichen Sippe zugeführt. Der eingeheiratete und seit ein paar Jahren amtierende Kaiaphas hatte, einer Eingebung folgend, in der Ratsversammlung schon darauf gedrungen, Jesus aus dem Verkehr zu ziehen, damit man von den Römern nicht entmachtet werde, weil man mit den politischen Wirkungen der Jesusbewegung nicht selber fertig geworden sei. Hatte Hannas ihm das zugeflüstert?

Unsere Erzählung ist nun so gestaltet, daß wir Zeugen eines doppelten Verhörs werden. Während Jesus im Palast vernommen wird, ereilt Petrus draußen im Hof bei der Dienerschaft ein ähnliches Geschick. Beide Erzählstränge sind höchst absichtsvoll ineinander verschränkt. Zunächst wird geschildert, wie Jesus gebunden zu Hannas gebracht wird. Dann werden wir nach draußen geführt, um zu erfahren, wie Petrus mit Hilfe eines anderen (des geliebten?) Jüngers in den bewachten Palasthof gelangen konnte. Doch die Türmagd ist mißtrauisch und fragt, ob er nicht einer von den Jüngern dessen sei, den sie vorhin hereingebracht hatten. Petrus verneint und mischt sich unter jene, die an einer Stelle im Hof ein Feuer entfacht haben. Während er sich daran wärmt, werden wir wieder ins Haus geführt, wo Jesus nach seinen Schülern und seiner Lehre befragt wird. Anders als Petrus steht Jesus zu seinem Wort. Er hat dem nichts hinzuzufügen. Zuletzt werden wir wieder nach draußen geleitet, wo Petrus ein zweites und ein drittes Mal schwindelt.

Das Verhör im Haus. Was muß da Hannas hören? Er bekommt auf sein (indirektes) Fragen nichts neues zu hören. Jesus antwortet: „Ich habe zur Welt öffentlich geredet. Allezeit habe ich in Synagoge(n) und in dem Tempel gelehrt, wo sich alle Juden versammeln, und im Geheimen habe ich nichts geredet. Was fragst du mich? Frage die Hörer, was ich zu ihnen gesprochen habe! Siehe, diese wissen, was ich geredet habe."

Zu seinen Jüngern macht Jesus keine Angaben. Die Frage nach ihnen wird stillschweigend übergangen. Was jedoch seine

Lehre angeht, daraus habe er nie ein Geheimnis gemacht, sondern an den dafür vorgesehenen Stellen zu allen allezeit offen geredet. Dem, was Hannas wissen könnte und doch sicher auch längst weiß, hat Jesus nichts hinzuzufügen. Er würde sich nur wiederholen. Wozu das Theater? Soll Hannas die hören, die gehört haben!

Für diese Frechheit bekommt Jesus von einem Aufpasser an seiner Seite einen Schlag ins Gesicht. Der begegnet dem Schlag souverän: „Wenn ich unrecht geredet habe, so weise mir das Unrechte nach!“ Diesen Nachweis indes bleibt der Angeredete schuldig. Und Hannas auch. Der denkt gar nicht daran, seinen Untergebenen zurechtzuweisen (vgl. 18,11) und sich für dessen Entgleisung zu entschuldigen. Das unergiebige Verhör ist beendet. Hannas befiehlt, Jesus zu Kaiaphas zu bringen. Soll der nun alles weitere veranlassen.

Während Jesus innen gewinnt, verliert Petrus draußen. Die Türmagd stellt ihn als erste: „Bist nicht auch du einer von den Jüngern dieses Menschen?“ Doch Petrus, der es sich gewünscht hatte, für den *Herrn* (vgl. 1,23; 6,68 u.a.) sein Leben einzusetzen (13,37), verneint. Nein, sie müsse sich irren, er sei es nicht! Während Jesus innen zu seinem Selbstzeugnis steht und seine Befragung in die richtigen Bahnen lenkt, versagt Petrus schon an der Schwelle zum Hof. Das wiegt um so schwerer, als der andere Jünger, der Petrus bei Hannas Einlaß verschafft hatte, dort offenbar unbehelligt ein- und ausgehen konnte. Kam nicht auch Petrus von einem unbehelligten Ausgang her?

Wie kalt es geworden ist! Simon Petrus sucht das Feuer auf. Doch bei den Leuten, die sich dort zu wärmen suchen, ergeht es ihm nicht besser. Als diese sich erkundigen, ob er nicht Jesu Jünger sei, leugnet Petrus zum zweiten Mal: „Ich bin es nicht!“ Hier aber kommt er nicht so schnell davon. War er nicht im Garten dabei? War er es nicht, der dem Sklaven des Hauses ein Ohr abgehauen hatte? Sollten sie sich alle irren? Sollte insbesondere der sich irren, der auf seinen hochherrschaftlichen Anverwandten stets ein Auge extra hatte? Petrus widerspricht. Nachdem er im Garten losgeschlagen hatte, geht ihm die Initiative inzwischen völlig ab: Er verleugnet sich selbst. Was für ein Trauerspiel!

Das also ist der glanzlose Rahmen, die christliche Zierde um Jesu Verhör vor der geistlichen, ach, dieser auch nur weltlichen Autorität! Schon in ihrem Hofe wird verloren! Jesus geht seinen Weg allein zu Ende, ohne Begleitung eines Christen, geschweige der Christenheit. Und dennoch: Innen in der Höhle des Löwen und seiner ganzen Löwensippe wird gesiegt. Draußen ängstigt sich Petrus und versagt. Innen wird für die da draußen gesiegt. In diesem Nachtzentrum wird auch das Versagen eines Petrus draußen überwunden. Jesus steht zu seinem Wort. Schon steht er an entscheidender Stelle auch für diesen ihm so vorsichtig folgenden, zurückbleibenden Jünger ein. Während der ihn und sich selbst verleugnet, bekennt Jesus sich, indem er sich zu sich bekennt, frei zu ihm.

Der Evangelist zeigt uns Petri Versagen. Nichts wird unter den Teppich gekehrt. Kommentiert oder gedeutet, gebilligt oder aufgeblasen wird es freilich auch nicht. Weder Klage noch Anklage werden laut. Unheimlich steht es da, wie es dasteht. Doch vor dem Erzhohenpriester wird auch für Petrus überwunden. Da steht der gebundene Christus frei für ihn ein, daß man *ihm* den Prozeß mache. Und der fällt nicht um. Der steht zu seinem Wort: „In der Welt habt ihr Angst, doch seid getrost, ich habe die Welt überwunden“ (16,33).

Der Prozeß (I)

Johannes 18,28–40

28 Sie führen nun den Jesus von Kaiaphas ins Prätorium.
Es war aber früh am Morgen.
Doch sie selbst gingen nicht ins Prätorium hinein,
um sich nicht zu verunreinigen,
sondern das Passa(lamm) essen zu können.

29 So ging Pilatus zu ihnen hinaus
und fragte:
„Welche Anklage
bringt ihr gegen diesen Menschen vor“
(vgl. 11,47f.50; 18,17; 19,5)?
30 Sie antworteten
und sagten zu ihm:
„Wäre dieser kein Übeltäter,
hätten wir ihn dir nicht übergeben.“
31 Da sagte Pilatus zu ihnen:
„Nehmt ihr ihn
und richtet ihn nach eurem Gesetz!“
Die Juden sagten zu ihm:
„Es ist uns nicht erlaubt,
jemand hinzurichten.“
32 Damit wurde das Wort Jesu erfüllt,
in welchem er angedeutet hatte
(vgl. 18,9),
welchen Todes er sterben werde
(vgl. 3,14; 12,23f.32f; 21,19; /7,19; 19,7).

33 Da ging Pilatus wieder ins Prätorium hinein,
befahl den Jesus zu sich
und sagte zu ihm:
„Du bist der König der Juden“
(vgl. 18,39; 19,3.19.21)?

34 Jesus antwortete:
„Sprichst du dies von dir aus,
oder haben es dir andere über mich gesagt“
(vgl. 7,12.41; 9,16; 10,21; 12,29; 20,25)?
35 Pilatus antwortete:
„Bin ich denn ein Jude?
Das Volk, das deine, und die Oberpriester
haben dich mir übergeben.
Was hast du getan?“
36 Jesus antwortete:
„Mein Reich ist nicht von dieser Welt
(vgl. 3,3ff; 8,23; 14,17).
Wäre mein Reich von dieser Welt,
meine Diener hätten gekämpft,
damit ich den Juden nicht ausgeliefert würde.
Nun aber ist mein Reich nicht von hier.“
37 Da sagte Pilatus zu ihm:
„Also bist du doch ein König?“
Jesus antwortete:
„Du sagst es,
ich bin König
(vgl. 1,49; 6,15; 12,13.15).
Ich bin dazu geboren
und dazu in die Welt gekommen,
um von der Wahrheit zu zeugen
(vgl. 1,14.17; 4,23f; 8,40.45.46; 14,6.7–11; 17,17.19).
Jeder, der aus der Wahrheit ist,
hört meine Stimme“
(vgl. 5,25.28; 8,47; 10,3.16.27)!
38 Spricht Pilatus zu ihm:
„Was ist Wahrheit?“

Nachdem er dies gesagt hatte,
ging er wieder zu den Juden hinaus
und spricht zu ihnen:
„Ich finde keine Schuld an ihm
(vgl. 19,4.6).

39 Es besteht jedoch Übereinkunft mit euch,
daß ich euch zum Passafest einen freilasse.
Wollt ihr also,
daß ich euch den König der Juden freilasse"
(vgl. 18,33; 19,3.19.21)?

40 Da schrien sie wiederum:
„Nicht diesen,
sondern den Barabbas!"
Barabbas aber war ein Räuber.

Pontius Pilatus (aus dem römischen Rittergeschlecht der Pontier) war im Jahre 26 n. Chr. als fünfter römischer Prokurator in Judäa (als praefectus Iudaeae) eingesetzt worden. Er hatte Roms Interessen vor Ort zu vertreten, Streitfälle zu verhandeln und für die ordnungsgemäße Erhebung und Abführung der Steuern zu sorgen, wobei ihm Zöllner wie auch Soldaten zur Verfügung standen. Pilatus galt als „unbeugsam und rücksichtslos hart" (Philo). Während die Römer in den unterworfenen Provinzen die Sitten und Gebräuche der Region in der Regel respektierten, trat Pilatus als Triumphator auf. Zu seinem Amtsantritt ließ er seine Truppen mit dem Feldzeichen des Kaisers in die heilige Stadt einmarschieren. Auf seine Veranlassung wurden hier und da Weiheschilder mit dem Namen des Kaisers, Tiberius (14–37 n. Chr.), seines Wohltäters, aufgestellt. Ohne lange zu fackeln, ließ Pilatus Gelder aus dem Tempelschatz beschlagnahmen, um es für den Bau einer Wasserleitung zu verwenden. Er schreckte auch davor nicht zurück, im Tempel morden zu lassen. So kam es während seiner Regentschaft unter der Bevölkerung immer wieder zu Unruhen und Protesten. Im Jahre 36 n. Chr. wurde Pilatus durch den ihm vorgesetzten syrischen Legaten Vitellius (35–39 n. Chr.) vom Dienst suspendiert und nach Rom gesandt, damit er sich dort verantworte. Das Maß war voll, als er einige Samaritaner, die auf dem Berg Garizim nach kultischen Geräten gruben, hatte umbringen lassen.

Wollte der Hohe Rat, die oberste jüdische Gerichts- und Verwaltungsbehörde in Jerusalem, ein Todesurteil gegen eine

Person erwirken, mußte man mit Pilatus zusammenarbeiten und ihn zu überzeugen versuchen.

Nach seinem nächtlichen Verhör durch Hannas und seiner Überführung zum amtierenden Hohenpriester wird Jesus am folgenden Morgen zum Prätorium (ehemaliger Herodespalast?), dem Amtssitz des Pilatus in Jerusalem gebracht. Vertreter des Rates wollen Pilatus ihr Anliegen vortragen. In die Residenz des heidnischen Römers möchten sie aber nicht eintreten, um sich (wegen einer möglicherweise darin vergrabenen Fehlgeburt) nicht zu verunreinigen. Sie wollen sauber bleiben und die Sache sauber zu Ende bringen, damit sie am bevorstehenden Fest ungehindert teilnehmen und das Passalamm essen können. Darum muß Pilatus, der Prozeßherr, zu ihnen nach draußen. Daß auch der Angeklagte sich verunreinigen könnte, wenn er ins Prätorium gebracht würde, spielt keine Rolle für sie. Geht alles gut, wird er sowieso nicht mehr mitfeiern.

In der ersten Szene kommt Pilatus heraus und erkundigt sich nach der gegen Jesus erhobenen Anklage. Die Antwort ist ungeheuerlich. Man sagt nicht, dies oder das liege gegen den Angeklagten vor, sondern sagt, man hätte sich gar nicht erst auf den Weg zu Pilatus gemacht, wenn der Beschuldigte kein Verbrecher wäre. Man sei gekommen, dies sei Beweis genug. Pilatus entgegnet, wenn es sich so verhalte, seien sie befugt, dem Angeklagten nach ihrem eigenen Gesetz den Prozeß zu machen. Sie aber entgegnen, daß es ihnen, wie Pilatus weiß, nicht erlaubt sei, ein Todesurteil auszusprechen und die Hinrichtung zu vollstrecken. Das also wollen sie von ihm haben, und ohne ihn geht es nun einmal nicht. Der erste Wortwechsel endet mit der Anmerkung, daß sich mit der Intervention der Juden bei Pilatus Jesu eigentümliche Andeutung von der Art seines Todes erfüllte. „Erhöht“ würde er werden (nicht gesteinigt, obwohl es derartige Versuche in erklecklicher Zahl bereits gab [vgl. 8,59; 10,31–33; 11,8]). Wo Jesus noch nicht gesprochen hat, vertritt ihn seine Voraussage. Er hält auch hier die Fäden fest in seiner Hand.

Die folgende Szene spielt im Prätorium, wo Pilatus Jesus allein verhört. Im Unterschied zu Hannas spricht er ihn direkt an: „Du bist der König der Juden?“ Jesus will wissen, wie er auf diese Frage kam. Das wäre nicht unwichtig, denn unter all den Meinungen über ihn findet sich ab und an ein echtes Bekenntnis (1,49; 6,69; 11,27), eines darunter gar von einem königlichen Beamten (4,49). Pilatus jedoch gibt zu verstehen, daß er nicht „von sich aus“ fragte. Von sich aus, von innen heraus nach dem „König der Juden“ zu fragen, das wäre für ihn eine rein innerjüdische Angelegenheit. Nein, er hat es von anderen, und er hat es nur von außen. Weil Jesu Landsleute ihn bedrängen, müsse er sich erkundigen, was er getan hat. Jesus antwortet, sein Reich sei nicht von dieser Welt, sonst stünde er hier und jetzt nicht kampflos vor ihm. Was soll Pilatus davon halten? Ist Jesus doch eine Art König? Jesus bestätigt es, indem er sein Königtum beschreibt: „Ich bin dazu geboren und dazu in die Welt gekommen, um von der Wahrheit zu zeugen.“ Seltsames Königtum! Jesus selbst ist diese „Wahrheit“, in seiner Person tritt sie vor die Menschen hin. Auch vor Pilatus. Und so, daß jeder Mensch, aus ihr geboren, von sich aus nach ihr fragt und fragen müßte: „Jeder, der aus der Wahrheit ist, hört meine Stimme!“ Hat Pilatus gehört? Die erste Runde des Verhörs endet mit seiner so ratlosen wie berühmten Frage: „Was ist Wahrheit?“ Die Wahrheit ist, daß er nach dieser ersten Runde sein Gegenüber für einen womöglich etwas abgehobenen, politisch aber harmlosen Philosophen hält. Der kaiserliche Beamte ist ein bißchen klüger als zuvor.

So kommt Pilatus wieder zu jenen, die draußen geduldig auf ihn warteten und sagt: „Ich finde keine Schuld an ihm.“ Doch statt den Prozeß niederzuschlagen und den Angeklagten freizulassen, kommt Pilatus auf die Idee, eine Amnestie feilzubieten. Es sei guter Brauch, zum Passafest einen Gefangenen herauszugeben und ihm die Freiheit zu schenken. Wer wüßte das besser als sie! Pilatus schlägt vor, zum diesjährigen Befreiungsfest, in der Geschichte Israels kennt er sich offenbar auch ein wenig aus, „den König der Juden“ zu entlassen. Akzeptierten sie das Angebot, käme er glänzend davon und hätte die Sache vom Tisch. Doch da hat er die Rechnung ohne den Wirt gemacht. Erfreut gehen die Kläger auf sein Angebot ein. Sie aber verlangen nicht Jesus, sondern Barabbas, den Räuber. Wer hätte das gedacht? Pilatus ist einen Gefangenen los, Jesus hat er weiterhin am Hals.

Soll man über dieses Theater lachen oder weinen? Findet eine traurige Komödie oder ein komisches Trauerspiel statt? Die Vertreter der Anklage, die sich nicht verunreinigen wollten, mußten sich, um ihrem Ziel näher zu kommen, zu einem Räuber bekennen. Eingehender Beratungen bedurfte es dazu nicht. Sie halten Jesus für einen schlimmeren Übeltäter als Barabbas. Pilatus, der Herr des Prozesses, muß Jesus, obwohl er von dessen Unschuld überzeugt ist, weiterhin in Gewahrsam behalten. Es wirkt geradezu lächerlich, wie Pilatus zwischen den Klägern draußen und dem Angeklagten innen ständig hin- und herlaufen mußte. Sein großzügiges Amnestieangebot scheiterte kläglich. Er wird sich etwas anderes einfallen lassen müssen. Wer zuletzt lacht, lacht am besten.

Und Jesus, wie verhielt der sich? Sein Verhalten in diesem Prozeß überrascht am meisten. Er machte Angaben zur Person und zu seinem Auftrag und verzichtete ausdrücklich auf alle Selbstverteidigung. Sein Reich ist nicht von dieser Welt. Seine und ihre Herrschaft sind von ihrem Grunde her verschieden. Man redete aneinander vorbei. „Jeder, der aus der Wahrheit ist, hört meine Stimme!“ „Was ist Wahrheit?“

Der Prozeß (II)

Johannes 19,1–16a

1 Darauf ließ Pilatus Jesus packen und geißeln.
2 Und die Soldaten flochten eine Krone aus Dornen,
setzten sie auf sein Haupt
und legten ihm einen Purpurmantel an,
3 traten auf ihn zu
und sprachen:
„Sei gegrüßt, König der Juden"
(vgl. 18,33.39; 19,19.21)!
Dabei gaben sie ihm Ohrfeigen.

4 Und Pilatus ging wiederum hinaus
und spricht zu ihnen:
„Seht, ich bringe ihn euch heraus,
damit ihr erkennt,
daß ich keine Schuld an ihm finde"
(vgl. 18,38; 19,6)!
5 Da kam Jesus heraus,
die Dornenkrone tragend und den Purpurmantel.
Und er (Pilatus) spricht zu ihnen:
„Seht – der Mensch"
(vgl. 11,47 f.50; 18,17.29)!
6 Wie die Oberpriester und die Diener ihn nun sahen,
schrien sie:
„Kreuzige, kreuzige!"
Spricht Pilatus zu ihnen:
„Nehmt ihr ihn und kreuzigt ihn!
Denn ich finde keine Schuld an ihm"
(vgl. 18,38; 19,4).
7 Die Juden antworteten ihm:
„Wir haben ein Gesetz,

und nach diesem Gesetz ist er zu sterben schuldig,
weil er sich zum Sohn Gottes gemacht hat"
(vgl. Lev 24,10ff; Num 15,30f; Joh 5,18; 8,58f; 10,30.31–39)!

8 Als Pilatus diese Anschuldigung vernahm,
wurde er noch mehr von Furcht erfaßt,
9 ging wieder in das Prätorium hinein
und spricht zu Jesus:
„Woher bist du?"
Jesus aber gab ihm keine Antwort.
10 Da spricht Pilatus zu ihm:
„Du redest nicht mit mir?
Weißt du nicht,
daß ich Macht habe, dich freizugeben,
und Macht, dich kreuzigen zu lassen?"
11 Jesus antwortete [ihm]:
„Du hättest keine Macht über mich,
wenn sie dir nicht von oben gegeben wäre.
Darum hat derjenige größere Sünde,
der mich dir ausgeliefert hat"
(vgl. 13,2.11.21; 18,2.5.30.35f).
12 Aus diesem (Grund) suchte Pilatus ihn freizulassen.
Die Juden aber schrien:
„Wenn du diesen freiläßt,
bist du nicht des Kaisers Freund!
(Denn) jeder, der sich selbst zum König macht,
widersetzt sich dem Kaiser."

13 Als Pilatus diese Drohungen vernahm,
ließ er Jesus herausführen
und setzte sich auf den Richtstuhl
an dem Ort, der ‚Lithostrotos' (Mosaikplatz),
hebräisch ‚Gabbata' (Anhöhe) genannt wird.
14 Es war aber Rüsttag auf das Passafest
(vgl. 19,31.42)
um die sechste Stunde.
Und er spricht zu den Juden:
„Seht – euer König!"

15 Da schrien jene:
„Auf, auf, kreuzige ihn!"
Spricht Pilatus zu ihnen:
„Euren König soll ich kreuzigen?"
Die Oberpriester antworteten:
„Wir haben keinen König außer dem Kaiser!"
16 Da übergab er (Pilatus) ihn (Jesus) ihnen (den Anklägern),
daß er gekreuzigt würde.

Nach dem ersten Teil der Erzählung hatte der oberste römische Beamte in Jerusalem, Pontius Pilatus, den Vertretern der Anklage eine Amnestie angeboten. Da er Jesus keines Verbrechens zu überführen vermochte, wollte er mit diesem großzügigen Angebot den Prozeß beenden. Dieser Versuch jedoch scheiterte kläglich, weil die Vertreter des Hohen Rates sich überraschend für einen Räuber namens Barabbas (Sohn des Vaters) entschieden. Pilatus war gezwungen, den Prozeß weiterzuführen.

Er unternimmt nun den zweiten Versuch, die Sache vom Tisch zu bekommen. Dafür hat er sich etwas ganz besonderes einfallen lassen. Er befiehlt, Jesus behandeln zu lassen. Und die Soldaten, in derlei Dingen nicht unerfahren, machen ihre Arbeit gründlich. Sie flechten eine Dornenkrone und setzen sie Jesus aufs Haupt. Sie legen ihm einen purpurnen Mantel um, treten auf ihn zu und huldigen ihm: „Sei gegrüßt, König der Juden!" Dazu gibt's gratis ein paar Schläge ins Gesicht – fertig ist der frisch gebackene Narrenkönig!

Auf diese Prozedur geht Pontius Pilatus zum dritten Mal zu den Vertretern des Hohen Rates nach draußen, um ihnen den gloriosen Auftritt des soeben in seinem Palast gekürten Königs anzukündigen. Sicher würden sie gleich erkennen, daß er, Pilatus, keine Schuld an ihm findet. An ihm wird kaum noch etwas zu finden sein – außer dem königlichen Mantel natürlich und der unter nicht geringem Aufwand besorgten Ersatzkrone auf seinem Kopf: „Seht – der Mensch!"

Pilatus hatte erwartet, mit dieser makaberen Demonstration seiner Macht – hatte er es zuvor nicht im Guten versucht? – die

Kläger zur Aufgabe zu bewegen: Seht, der verächtliche Mensch! Es lohnt nicht, zu prozessieren und sich mit diesem Hanswurst länger abzugeben. Ihr Mütlein sollte jetzt hinreichend abgekühlt worden sein. Gegen einen lächerlichen Narren prozessiert man schließlich nicht. Möchte Pilatus Jesus helfen? Oder möchte er eher sich selber helfen? Wir werden sehen.

Die Kläger johlen: „Kreuzige, kreuzige!“ Pilatus spricht zu ihnen: „Dann nehmt ihr ihn und kreuzigt ihn! Denn ich finde keine Schuld an ihm.“ Unfaßbar, daß sie weitermachen wollen, und er ihnen auch noch behilflich sein soll, ihren armen Narren zu beseitigen. Jene aber rufen: „Wir haben ein Gesetz, und nach diesem Gesetz muß er sterben, weil er sich zum Sohn Gottes gemacht hat!“ Dieser Anspruch ist für sie entscheidend, nicht die Spottfigur, die ihnen Pilatus präsentiert hat. Was soll Pilatus machen? Ihr Gesetz ist nicht sein Gesetz, dem er Respekt zu verschaffen hätte.

Auch die zweite Runde hat Pilatus nun verloren. Weder mit Großmut kam er voran noch mit Gewalt. Er hat Jesus noch immer am Hals und wird ihn, obwohl er nach wie vor von seiner Unschuld überzeugt ist, nicht los. Dafür kam etwas anderes ans Licht. Die Kläger brachten endlich zur Sprache, was sie eigentlich treibt: Jesu Vergehen bestehe nicht darin, daß er sich zu einem besonderen Menschen, sondern daß er sich zum „Sohn Gottes“ gemacht habe! Das sei Gotteslästerung, die nach ihrem Gesetz mit dem Tode bestraft werden müsse.

Bei „diese(r) Anschuldigung“, heißt es, wurde Pilatus „noch mehr von Furcht erfaßt.“ Wieso eigentlich? Davon, daß Pilatus sich gefürchtet habe, war bisher keine Rede. Beginnt Pilatus die Kläger zu fürchten, die bis jetzt immer das letzte Wort behielten und ihn in eine Sache hineinzogen, die nicht seine Sache ist? Sieht Pilatus erstmals keinen Ausweg mehr, der verfahrenen Lage ohne erheblichen Gesichtsverlust zu entkommen? Fürchtet er, am Ende gegen seine Überzeugung handeln zu müssen? Kann sein. Regelrecht erschrocken ist er aber bei dem Vorwurf, daß Jesus „sich zum Sohn Gottes erklärt“ habe. Und da mußte er wohl erschrecken, weil kein Geringerer als sein eigener Herr, Kaiser Tiberius, sich „Sohn des göttlichen Augustus“ nannte! Selbst auf den Münzen, die sein Bildnis trugen, stand es in großen Buchstaben zu lesen. Die bei ihm anhängige Sache könnte sich leicht als ein paar Nummern zu groß für ihn erweisen. Das ist es, was ihm zunehmend Sorgen macht. Wen hat er sich da mit Jesus eingehandelt?

Zum dritten Mal geht Pilatus zu Jesus hinein und erhofft sich von dem, den er hatte auspeitschen und zum Narren küren lassen, weiterhelfenden Rat. Ob Jesus sich kooperativer gibt als zu Beginn der Verhandlung? „Woher bist du?“ fragt ihn Pilatus. Doch der antwortet nicht. Er hatte es ihm schon beim ersten Verhör angedeutet, aber umsonst. Darauf Pilatus zu ihm: „Du redest nicht mit mir? Weißt du nicht, daß ich Macht habe, dich freizugeben, und Macht, dich kreuzigen zu lassen?“ Nachdem Pilatus bei den Klägern nicht vorankam, versucht er nun, den Beklagten einzuschüchtern. Der Spaß habe ein Ende, die Lage sei ernst, er, Pilatus, könne auch anders! Jesus bestätigt ihm, daß er wirklich Macht über ihn habe, er habe sie sogar von höchster Stelle! Er hätte sie nicht, wenn er sie nicht von dorther hätte. Jener Mensch aber, der ihn Pilatus ausgeliefert und der das alles hier in Gang gesetzt hat, hat sie nicht von dort, nicht aus Gott (vgl. 6,71 f; 13,27a).

Pontius Pilatus fehlt die Zeit, länger darüber nachzudenken. Die Kläger springen förmlich in die Szene und setzen ihn mit ihrem Geschrei massiv unter Druck: „Wenn du diesen freiläßt, bist du nicht des Kaisers Freund! (Denn) jeder, der sich selbst zum König macht, widersetzt sich dem Kaiser.“ Sie für ihren Teil würden, darauf könne er Gift nehmen, es schon an passender Stelle durchsickern lassen, daß ihr feiner Herr Prokurator mit Kaiserfeinden liebäugelt.

Ein klarer Fall von Erpressung! Die Kläger nutzen jetzt ein Mittelchen gar sehr von dieser Welt und sind bereit, wenn es sein muß, zum Äußersten zu gehen. Aber auch Jesus steht bereit. Pontius Pilatus ist zwischen die Fronten geraten. Wie er es auch anstellt, er kommt aus dieser Geschichte nicht heraus, im Gegenteil. Der Streit treibt der Entscheidung entgegen. Zum Schluß muß sich Pilatus nur noch die Frage stellen: Jesus oder ich? Soll man über den mächtigen Pilatus lachen, weinen, Mitleid mit ihm haben? Oder geht es längst darum, daß der Sohn

Gottes im Begriffe steht, die Grenze zu den Heiden zu überschreiten? Alles spricht dafür.

So spielt Jesus die unbegreiflichste Rolle in diesem Prozeß. Wie kommt der dazu, sich den gegen ihn aufgestandenen Anklägern zu geben und die Rolle, die man ihm zugedacht hat, zu übernehmen? Das, was sie wollen, will auch er. Wozu sie den römischen Heiden brauchen, in dessen Haus sie sich nicht verunreinigen wollen, dazu braucht auch er ihn, freilich ohne ihn zu erpressen oder in sonst einer Weise zu mißbrauchen. Vergeblich läuft Pilatus, Jesu Unschuld ein ums andere Mal beteuernd, zwischen den Klägern draußen und dem Angeklagten drinnen hin und her. Will er sich nicht noch lächerlicher machen, als er sich schon gemacht hat, soll es ihm nicht an den Kragen gehen, muß er sich entscheiden. Und Pilatus wird sich entscheiden. Natürlich nicht als Vertreter des Hohen Rates, erst recht nicht als Christ, sondern als römischer Beamter, dessen weitere politische Karriere auf dem Spiele steht. Was will Jesus von dem haben? Nichts anderes als das: Pilatus soll nur Pilatus sein.

Endlich hat Pilatus verstanden: Jesus oder ich, ich oder Jesus? Das ist hier die Frage. Plötzlich spielt es keine Rolle mehr, daß er Jesus für unschuldig hält. Ein Selbstopfer kommt für den Herrn Prokurator nicht in Frage. Wozu auch? Die Verhandlung ist beendet. Pilatus läßt Jesus herausführen und nimmt auf dem Richtstuhl Platz, um das Urteil zu verkünden. Doch er läßt es sich nicht nehmen, die Kläger zappeln zu lassen und es ihnen, die ihm so übel mitgespielt haben, gründlich heimzuzahlen. Der gegeißelte und zum Narren gekürte Jesus wird ihnen jetzt als ihr König präsentiert. Sie sollen klarsehen, wie ein Pontius Pilatus mit Kaiserfeinden umspringt. Wieder schreien sie: „Auf, auf, kreuzige ihn!“ Pilatus aber höhnt: „Euren König soll ich kreuzigen?“ Sie darauf: „Wir haben keinen König außer dem Kaiser!“ Nachdem sie dem Kaiser von Rom ihre Loyalität bekundet und sich seinem obersten Beamten in Jerusalem und Judäa in aller Form unterworfen haben, gibt Pontius Pilatus ihnen nach. Unter dieser Bedingung soll Jesus gekreuzigt werden. Es ist Zwölf Uhr mittags, Rüsttag auf das Passafest.

Die Vertreter des Hohen Rates haben ihr Ziel erreicht und den Prozeß gewonnen. Bis zu diesem Ausgang haben sie allerdings einiges verloren. So haben sie sich lieber zu einem Räuber bekannt als zu Jesus, sich lieber dem heidnischen Kaiser unterworfen als Gott. Sie haben ferner gezeigt, daß sie auch vor einem erniedrigten Menschen nicht innehalten. Sie bedienten sich unlauterer Mittel, um ihren Willen durchzusetzen, versprachen, Pilatus anzuschwärzen, falls der nicht nachgäbe. Mit Feuereifer traten sie weder in eine ordentliche Beweisaufnahme noch für einen fairen Rechtsstreit ein. Von Anfang an suchten sie kompromißlos das Todesurteil. Das alles in der Absicht, sich nur ja nicht zu verunreinigen. Den heidnischen Römer haben sie zu ihrem Werkzeug, zu ihrem Hampelmann gemacht. Sie haben ihr Ziel zwar erreicht, doch im Grunde den Prozeß verloren. In diesem Prozeß haben sie sich selbst verloren und unmöglich gemacht. Das von ihnen so in Ehren gehaltene Gesetz hat sie nicht davor bewahrt, Unrecht zu tun und Schuld auf sich zu laden.

Pilatus wurde in diese Auseinandersetzung hineingezogen. Zunächst machte dieser römische Beamte fast einen passablen Eindruck. Widerwillig nur und ohne besonderes Interesse ließ er sich in die Sache ein. Er wurde bedrängt, sah nicht richtig durch, rasch wollte er Jesus los sein. Pilatus versuchte zwischen den Prozeßparteien zu vermitteln, er versuchte es mit Großmut und mit Gewalt, kam aber weder mit dem einen noch mit dem andern durch. Als Abgesandter der Ordnungsmacht wirkt der Römer unbeholfen. Es gelang ihm nicht, den Prozeß in vernünftige Bahnen zu lenken. Er war auf dem besten Wege, sich selbst zum Narren zu machen. Substantiell vermochte er nichts zu ändern. Am Ende war ihm die eigene Haut auch bloß näher als das Hemd. Pilatus entschied gegen seine Überzeugung. Für die ihm zugefügten Demütigungen rächte er sich bitter. Die Vertreter des Hohen Rates haben ihn bezwungen. Halb zogen sie ihn, halb sank er hin. Sie haben ihn vorgeführt, darum führt er sie vor. Sie haben ihm seine schwache Stelle gezeigt, er zeigt ihnen ihre mit Genuß. Am Ausgang des Verfahrens, das in seinen Händen lag, änderte er nichts.

So weit haben es Pontius Pilatus im praktischen Heidentum, die Vertreter des Hohen Rates im praktischen Judentum, vergessen wir Simon Petrus nicht und sein praktisches Christentum, im Zeichen des Judas Iskariot nun gebracht. Trotz markanter Unterschiede im einzelnen sind sie alle einander auffällig verwandt. Das ist die bittere Pille, die es hier zu schlucken gibt. An Jesus Christus gemessen, sind sie alle Verbrecher und Versager. Fort mit ihm! – schreien die einen; Jesus oder ich? – fragt sich Pilatus; ich bin nicht Petrus, leugnet Petrus, sein Freund.

Die Würfel sind gefallen. Die Vertreter des Hohen Rates haben wie Pilatus reichlich Federn lassen müssen. Irgendwo im Bösen haben sie sich getroffen und sind sich zuletzt irgendwie einig geworden – bis zum nächsten Streit. In der letzten Szene des Prozesses verliert Jesus kein einziges Wort mehr. Er ist nur noch als Objekt anwesend, das vorgeführt wird, um abgeführt zu werden. Aber eben nicht passiv, sondern in höchster Aktion: Er widerspricht nicht, er beklagt sich nicht, geht nicht in die Revision. Er weiß, was kommen wird, und ist bereit, sich von ihnen in ihr Dunkel stoßen zu lassen, das heißt, erhöht zu werden.

Die Kreuzigung Jesu

Johannes 19,16b-30

16 Sie (die Ankläger) übernahmen ihn (Jesus).
17 Und er ging,
selbst das Kreuz tragend,
zur sogenannten ‚Schädelstätte' hinaus,
auf hebräisch ‚Golgotha'.
18 Dort kreuzigten sie ihn,
und mit ihm zwei andere hier und dort neben ihm,
Jesus aber mittendrin.

19 Pilatus aber hatte eine Inschrift verfassen
und am Kreuz anbringen lassen.
Auf der stand geschrieben:
‚JESUS, der NAZARENER, der KÖNIG DER JUDEN'
(vgl. 18,5.7; 18,33.39; 19,3.21)!
20 Diese Inschrift nun lasen viele Juden,
denn die Stätte, da man Jesus gekreuzigt hatte,
lag in der Nähe der Stadt; außerdem
war sie auf Hebräisch, Lateinisch und Griechisch abgefaßt.
21 Da sagten die Oberpriester der Juden zu Pilatus:
„Schreibe nicht ‚der König der Juden',
sondern daß jener behauptet hat:
‚Ich bin König der Juden'"
(vgl. 18,37; 19,12).
22 Pilatus antwortete:
„Was ich geschrieben habe,
habe ich geschrieben!"

23 Nachdem die Soldaten Jesus gekreuzigt hatten,
nahmen sie seine Kleider
und machten vier Teile,
für jeden Soldaten einen Teil,
dazu das Untergewand.

Das Untergewand aber war ohne Naht,
von oben an ganz durchgewebt.
24 Da sagten sie zueinander:
„Laßt uns das nicht zerschneiden,
sondern darum losen, wem es gehören soll!"
(Dies ist geschehen), damit die Schrift erfüllt würde
(13,18; 17,12; 19,36; vgl. 12,38–41; 15,25):
Sie verteilten meine Kleider unter sich,
und um mein Gewand warfen sie das Los
(Ps 22,19).
Dies also taten die Soldaten.

25 Es standen aber bei Jesu Kreuz
seine Mutter
(vgl. Joh 2,1.3.5.12; 6,42; 19,26)
und die Schwester seiner Mutter,
Maria, die (Frau) des Klopas
(vgl. Lk 24,18),
und Maria, die Magdalenerin
(vgl. Joh 20,1.11.16.18).
26 Jesus nun sah die Mutter und,
bei ihr stehend, den Jünger, den er liebte
(vgl. 13,23; 20,2; 21,7.20),
und spricht zur Mutter:
„Frau,
sieh, dein Sohn!"
Dann spricht er zu dem Jünger:
„Sieh, deine Mutter!"
27 Und von jener Stunde an
nahm der Jünger sie in sein Eigenes auf.

28 Danach,
als Jesus wußte,
daß schon alles vollbracht war
(vgl. 19,30),
spricht er,
damit das Schriftzeugnis vollkommen in Erfüllung ginge
(vgl. 4,34; 5,36; 17,4.23):

„Mich *dürst*et"
(vgl. 4,14f; 6,35; 7,37–39)!

29 Da stand ein Gefäß mit *Essig*.
Sie steckten einen Schwamm voll *Essig*
auf einen Ysopstengel
und brachten ihn an seinen Mund.

30 Als Jesus den *Essig* genommen hatte
(Ps 69,22; vgl. Ps 22,16),
sagte er:
„Es ist vollbracht!"
(vgl. Joh 19,28),
neigte das Haupt und übergab den Geist
(vgl. 10,17f; Lk 24,5; Jes 53,12; Ps 31,6; Lk 23,46).

Hier wird nicht geklagt. Hier werden keine Tränen vergossen. Jesus zittert nicht. Er bittet nicht auf dem Wege, daß der Kelch an ihm vorübergehen möge. Von einem harmlosen Spaziergang ist dennoch nicht die Rede. Jesus trägt sein Kreuz selbst. Er bringt zu Ende, was hier zu Ende zu bringen ist, nur er zu Ende bringen kann. Pilatus und der Hohe Rat helfen ihm nicht dabei, als wäre er zur Erfüllung seines Auftrags auf ihre Gemeinheiten angewiesen. Hier geschieht kein fremder, sondern sein Wille.

Der Weg in die Fremde, den Jesus Christus in Übereinstimmung mit Gott bis hin zur letzten Konsequenz, der Hingabe seines Lebens, beschreitet, ist kein grämlicher oder strauchelnder, sondern ein aufrechter, freier, ein gottgewollter Weg. Ein Weg, der konsequent in der treuen Erfüllung der diesem Herrn vorausgeeilten Kunde, hinterlegt in der Schrift, von ihm beschritten wird. Nichts hält ihn dabei auf. Er möchte darin nicht bedauert oder bemitleidet, sondern gelobt und anerkannt sein, denn so kämpft er uns den Zugang zum Leben im Frieden Gottes frei, der uns anders verschlossen bliebe.

Die Kreuzigungserzählung zeigt uns fünf (wenn die beiden nächsten noch hinzuzurechnen sind, sieben) Szenenbilder: Sie beginnt mit der knappen Notiz, wie die Soldaten Jesus befehlsgemäß zum Richtplatz führen und ihn daselbst mit zwei anderen kreuzigen. Dann kehrt der Erzähler noch einmal an den Ort zurück, wo die Würfel für die Hinrichtung Jesu gefallen waren. Dort streitet man sich um die Inschrift am Kreuz. Mit diesem Wissen werden wir wieder zum Hauptschauplatz geführt. Inzwischen sind die Soldaten zum Teilen der Beute übergegangen. Während dies geschieht, weist Jesus seine Mutter an den Jünger, den er liebte, und den Jünger an seine Mutter. Mit dem Wissen, daß sein Werk vollbracht sei, stirbt er.

Nach dem Ergehen des Urteils bekommen die Kläger Jesus zugesprochen. Gleich darauf geht's zur „Schädelstätte", hebräisch „Golgotha". Die lateinische Bezeichnung fehlt. Es handelt sich wohl um einen nicht von den Römern eingerichteten Platz. Sie nutzen ihn jedoch reichlich. Dorthin trägt Jesus sein Kreuz. Niemand hilft ihm dabei, niemand kann ihm dabei helfen. Er trägt sein Kreuz selbst. An Ort und Stelle angekommen, wird er gekreuzigt, dazu zwei andere mit ihm. Mehr erfahren wir nicht. Das Kreuzigen wird weder beschrieben noch ausgemalt. Der Erzähler möchte unser Augenmerk vielmehr darauf lenken, daß Jesus nicht fern, nicht dicht daneben, sondern genau zwischen zwei anderen namenlosen Todeskandidaten und also „mittendrin" zu stehen kam. Kein Wort wird dort gesprochen. Dort muß kein Wort gesprochen werden.

Die für die Kreuzigung Verantwortlichen finden nach getaner Arbeit keine Ruhe. Angehörige des Hohen Rates beschweren sich bei Pilatus, weil der eine Inschrift verfassen und am Kreuz hatte anbringen lassen, die auf ihren Widerspruch stoßen mußte: „Jesus, der Nazarener, der König der Juden." Diese Inschrift können die Mitglieder des Rates, die Pilatus in die Enge getrieben und ihn als Prozeßherrn lächerlich gemacht hatten (Joh 18,28–40; 19,1–12), nur als Hohn und Spott empfinden. Um ihr Ziel, die Hinrichtung Jesu, zu erreichen, hatten sie zuletzt damit gedroht, Pilatus, falls der ihnen nicht nachgäbe, bei passender Gelegenheit als Feind des Kaisers anzuschwärzen. Mit der Inschrift am Kreuz schwärzt er sie an, stellt er den an ihn ausgelieferten Nazarener als ihren gekreuzigten König mitten in ihr Volk zurück. Jetzt benutzt er den Gekreuzigten, um ihre Unterwerfung manifest zu machen (19,15): „Was ich geschrieben habe, habe ich geschrieben!" Die Intervention der Oberpriester scheitert.

Pilatus erkannte „die Wahrheit“ nicht (18,38; vgl. 1Kor 2,8). Mit dem Anbringen des Titels am Kreuz betreibt er nach wie vor ein dreckiges Geschäft. Sein Motiv ist politischer Natur. Indem Jesus aber ihn erkannte und das, was er ihm zu geben hatte, von ihm entgegennahm, wurde die für eine breitere Öffentlichkeit bestimmte Inschrift des Pilatus ein in der Tat alle angehendes Zeugnis für Jesus, geschriebenes, bleibendes Wort. Es bestätigt in aller Härte, daß Pilatus wirklich Macht über Jesus bekam (vgl. Joh 19,11), Macht aber auch über „die Juden“, so daß mit seiner Auslieferung an Pilatus das eintrat, was sie unbedingt verhindern wollten (vgl. 11,47f.50; 18,14).

Auch die beiden folgenden Szenen gehören zusammen. In ihnen geht es um Jesu Hinterlassenschaft. Zunächst um seine Textilien, die die Soldaten erhalten, danach um seine ihm nahestehenden Zeugen und deren Erbe.

Vier Soldaten nehmen sich die ihnen zustehenden Kleider Jesu und teilen sie unter sich auf. Jeder von ihnen bekommt in etwa ein Viertel. Sein nahtloses Untergewand aber zerschneiden sie nicht. Es wäre schade darum. Das Los entscheidet, wem es zufallen soll.

Indem die Soldaten dies taten, wurde eine andere Schriftstelle erfüllt – die lange vor ihnen aufgezeichneten Worte jenes Psalmisten, dem Jesus seine Herrlichkeit zeigte, und der vorab schon seine Herrlichkeit mitten in eine ihm sich verweigernde, ihn verstoßende Welt in frappierender Deutlichkeit einkehren sah (vgl. 1,14.45; 5,46; 12,12–16.38–41). So erhellt die Wahrheit die Schrift, zeugt die Schrift für die Wahrheit: „Sie verteilten meine Kleider unter sich, und um mein Gewand warfen sie das Los.“ Ohne Vorwurf ist das gesagt. Von diesen Soldaten kann man sogar etwas lernen: Sinnvoll zu teilen.

Vier Frauen stehen sprachlos bei Jesu Kreuz. Sie stehen den vier mit dem Verteilen der Kleider beschäftigten Soldaten gegenüber. Die Soldaten nehmen sich ihr Erbe, den Frauen wurde und wird es gegeben. Zwei von ihnen sind mit Jesus verwandt, die beiden anderen mit Namen genannten Frauen nicht. Wie Jesu Mutter als Zeugin seines Eintritts in die Welt und nun seines Endes dasteht, so wird die nicht mit Jesus verwandte Maria von Magdala, ebenfalls die Zeugin seines Endes,

Zeugin des Auferstandenen werden. Hier beim Kreuz treffen sie sich alle. Auch die Magdalenerin steht nicht einsam und allein, auch sie hat, zumindest dem Namen nach, eine Schwester zur Seite, Maria, die (Frau) des Klopas (der Kleopas von Lk 24,18?), mit der sie ihr Erbe teilt. Schließlich gehört es sich für echte Zeugen, zu zweit zu sein (vgl. Joh 1,35.37.40; 8,17f; 19,18.35; 20,12). Daß die ersten beiden und die beiden zuletzt genannten Frauen nicht miteinander verwandt sind, führt uns plastisch vor Augen, daß das österlich bestimmte Zeugnis nicht einfach organisch aus dem Zeugnis von Jesu Geburt folgt, obwohl es dieses voraussetzt. Das geht in Ordnung. Aber wie geht das zusammen?

Jesus sieht die Mutter und den jetzt zu ihr getretenen und schon bei ihr stehenden Jünger, den er liebte. Diese Frau hatte ihn geboren, jenen anderen, ihm nicht verwandten Menschen liebte er, ihm hatte er sich mitgeteilt. Diese beiden spricht Jesus an, spricht sie einander zu. Von nun an soll die Frau in jenem anderen ihren Sohn sehen, und der Jünger, den er liebte, in ihr seine Mutter. Aber nicht die Mutter nimmt den Sohn, sondern der Sohn nimmt die Mutter bei sich auf. Wie Jesus bei ihr eingekehrt war, kehrt sie nun, genau von seiner Todesstunde an, bei jenem ein, findet sie bei ihm ihr Ziel, ihr Zuhause, die Erfüllung ihrer Mutterschaft. Sie findet sie nicht bei ihren übrigen Söhnen, nicht bei Jesu leiblichen Brüdern, von denen gerade im Johannes-Evangelium des öfteren die Rede ist (2,12; 7,3.5.10).

Hier an diesem Ort und zu dieser Stunde ist jener (exemplarische) Fremde, der geliebte Jünger, aber auch erst ihr Sohn geworden. Hier erfüllte sich auch seine Sohnschaft, in welcher Jesu Mutter die Erfüllung ihrer Mutterschaft erblicken darf. Ihr gekreuzigter Sohn, der sie erfüllte, stellt sie heraus: „Frau, sieh, dein Sohn!" Der geliebte Jünger ohne Namen repräsentiert hier sicher alle, die dann der Auferstandene seine „Brüder" nennen wird (20,17; vgl. 12,24). Worin besteht nun die Einheit seiner verschiedenen Zeugen? Sie besteht in der Einheit seines Werkes, an dem sie alle so oder so beteiligt sind: Einige fern und andere nah, einige vorher und andere nachher, der Eine mittendrin.

Im folgenden Abschnitt geht es weniger um seine verschiedenen Zeugen und ihr Verhältnis zueinander, sondern um Jesu Beziehung zu diesem seinem Liebeswerk: Jesus wußte, daß alles vollbracht war. Er wußte, daß er alles, was er tun sollte und tun wollte, getan hatte. Es gab hier nicht noch mehr oder noch etwas ganz anderes zu tun, er mußte jetzt nicht von seinem Tun Abstand nehmen und dessen Vollendung anderen überlassen. Sein Werk war ihm nicht über den Kopf gewachsen oder entglitten, er fieberte nicht im Delirium.

Zwischen Jesu Wissen darum, daß schon alles, was er tun wollte, vollbracht war, und seiner Feststellung, daß es vollbracht ist, fehlt nur noch eines: Das Schriftzeugnis seiner Zeugen aus längst vergangenen Zeiten vollkommen in Erfüllung gehen zu lassen.

Aber wie nun? Es ist schon viel darüber gerätselt worden, auf welche Schriftstelle sich Jesus mit dem Ruf „Mich dürstet!" eigentlich bezieht (auf Ps 69 und Ps 22 ist ja, wenn überhaupt, nur angespielt) und inwiefern dieser Ruf und die anschließende Tränkung mit Essig die Schrift zur Erfüllung bringen.

Essig ist ein sauer gewordener Wein. Er wurde wegen seiner Säure als minderwertig betrachtet. Immerhin taugte er noch als Würze oder, mit Wasser vermischt, sogar als erfrischendes Getränk. Dieses einfache Getränk wurde Arbeitern aufs Feld oder Soldaten an die Front mitgegeben, auch einem armen Schlucker wurde es in der Regel nicht mißgönnt (Ruth 2,14; Mk 15,36; Mt 27,48), konnte aber ebenso seiner Verhöhnung dienen (jemand Saures geben; vgl. Ps 69,22; Lk 23,36).

Das alles heißt nun wohl, daß Jesus mit seinem so doppelsinnigen Ruf „Mich dürstet!" auch das entlegene, unerfüllte, sauer gewordene, minder geachtete, aber eben unvergessene Zeugnis seiner Zeugen aus Vorzeiten rief – mit einem der Schrift eigenen, aber entlegenen Wort –, um es zu sich zu nehmen, in sich aufzunehmen und so die Schrift ihrer Erfüllung zuzuführen. In ihm findet auch sie ihr Ziel, ihr Zuhause, wie sie aus ihm ihren Anfang nahm.

Danach sprach er: „Es ist vollbracht!" Das Neigen seines Hauptes zur Ruhe und die Übergabe seines Geistes an Gott sind seine letzte Aktion.

Tod und Begräbnis

Johannes 19,31–42

31 Weil es Rüsttag war
(vgl. 19,14.42),
drängten die Juden Pilatus,
daß man ihnen die Beine zertrümmere
und sie abnähme,
damit die Gerichteten zum Sabbat nicht am Kreuze blieben,
denn jener Sabbat war ein großer Festtag.
32 Da kamen die Soldaten
und zertrümmerten zuerst dem einen
und (dann) dem anderen Mitgekreuzigten die Beine.
33 Als sie aber zu Jesus kamen,
sahen sie, daß er schon tot war.
Seine Beine zertrümmerten sie nicht,
34 sondern einer der Soldaten
stieß ihm seine Lanze in die Seite,
und sofort trat Blut und Wasser heraus.
35 Und derjenige, der gesehen hat,
hat Zeugnis abgelegt:
Sein Zeugnis ist wahrhaftig
(vgl. 1,9; 4,23.37; 6,32; 7,28; 8,16; 15,1; 17,3; 1Joh 2,8; 5,20),
und jener wußte,
daß er wahrheitsgemäß spricht
(vgl. Joh 3,33; 4,18; 5,31 f; 7,18; 8,13 f.17.26; 10,41; 21,24; 1Joh 2,8.27),
damit auch ihr glaubt
(vgl. Joh 11,15; 13,19; 20,31).
36 Denn dies ist geschehen,
damit die Schrift erfüllt würde
(13,18; 17,12; 19,24; vgl. 12,38–41; 15,25):
Kein Knochen soll an ihm zerbrochen werden
(Ex 12,10.46; Num 9,12; Jub 49,13 f; vgl. Ps 34,20 f)!

37 Und wieder eine andere Schrift(stelle) sagt:
Sie sollen auf den schauen,
den sie durchbohrt haben
(Sach 12,10 [hebr]; vgl. Offb 1,7)!

38 Nach diesen Ereignissen fragte Joseph von Arimathaia,
ein Jünger Jesu, der sich aus Furcht vor den Juden verbarg,
Pilatus, ob er den Leib Jesu nehmen dürfe,
und Pilatus erlaubte es.
Nun kam er und nahm seinen Leib.
39 Es kam aber auch Nikodemus,
der das erste Mal nachts zu ihm gekommen war
(vgl. Joh 3,1 ff, 7,50 f),
und brachte ein Gemisch von Myrrhe und Aloe
(vgl. Ex 30,23; Ps 45,8 f; Spr 7,17; Hld 4,14),
ungefähr hundert Pfund
(vgl. Joh 12,3).
40 Sie nahmen also den Leib Jesu
und wickelten ihn samt den Spezereien mit Binden
(vgl. 20,5–7),
wie es bei den Juden zum Begräbnis üblich ist
(vgl. 11,44).
41 Es war aber an dem Ort,
wo er gekreuzigt worden war,
ein Garten
und in dem Garten ein neues Grab,
in dem noch niemand beigesetzt worden war.
42 Dort nun bestatteten sie Jesus
wegen des Rüsttages der Juden
(und) weil das Grab in der Nähe war.

Nach jüdischer Auffassung beginnt ein jeweils neuer Tag nicht mit Sonnenaufgang, sondern nach Sonnenuntergang, also am Abend im Dunkeln. Jesus starb an einem Freitag im Frühlingsmonat Nisan (März/April). Alles, was zu seinem Tode führte, ist auf diesen einen Tag gelegt, den Rüst- oder Vorbereitungstag auf das Passafest. Abends wurde Jesus im Garten gefangengenommen, danach durch Hannas verhört. Am Morgen fand der Prozeß bei Pilatus statt, in der Mittagsstunde wurde das Urteil gefällt. Dann wurde er nach Golgotha geführt und gekreuzigt. Er starb zur gleichen Zeit, als im Priestervorhof des Jerusalemer Tempels die Passalämmer getötet und für das Mahl am Abend, mit welchem der Sabbat anbrach, zubereitet wurden.

Das Passafest ist eines der Hauptfeste Israels. Zur Zeit Jesu war es ein Wallfahrtsfest. Von überall her pilgerten Menschen in die Davidstadt, um das Passa zu feiern. Es erinnert an die Befreiung des Volkes Israel aus der Knechtschaft Ägyptens (vgl. Ex 12,1–51; Dtn 26,5–11; Jub 49,1–23) und wird darum in der Hoffnung auch künftiger Erlösung durch Gott, den Befreier Israels, gefeiert. In der Passafestwoche wurden ungesäuerte Brote gegessen und bittere Kräuter verzehrt, um den eiligen Aufbruch aus der Knechtschaft und den langen bitteren Weg ins gelobte Land nachzuempfinden. Am Nachmittag des Rüsttages wurden die Lämmer von Schafen oder Ziegen geschlachtet und ihr Blut am Altar ausgegossen. Sie hatten fehlerlos, einjährig und männlich zu sein. Abends ließ man sich die gebratenen Passalämmer in den Häusern schmecken. Dazu wurde Wein gereicht, den der Hausvater oder ein anderer Gastgeber mit Lob- und Segenssprüchen weitergab (vgl. Lev 23,5f; Dtn 16,1–8).

An diesem Vorbereitungstag aber hatte sich der Herr selbst in die Hand derer gegeben, die ihm nach dem Leben trachteten. Judas Iskariot hatte ihn den führenden Frommen, die wiederum hatten ihn Pilatus ausgeliefert. Verhört, verleugnet, angeklagt, verurteilt, gekreuzigt, zum Fest eilig fortgeschafft – ihr Befreier! Am Sabbat, dem Ruhetag und Höhepunkt des Festes, ruht auch er – im Grabe!

Weil es Rüsttag war und das Sterben der Gekreuzigten sich hinzog, wandten sich die Vertreter des Hohen Rates noch einmal mit einer Bitte an Pilatus: Der Sabbat stehe nahe bevor, die Hingerichteten dürfen nicht hängenbleiben (vgl. Dtn 21,22f). Pilatus möge dafür Sorge tragen, daß ihnen die Beine zerschlagen werden, damit sie sich nicht länger aufrecht halten können. Dadurch würde ihr Sterben beschleunigt und den Vorschriften wäre Genüge getan. Bis zum Anbruch des Sabbats könnten die verfluchten Übeltäter beseitigt sein.

Diesmal haben die maßgeblichen Leute mit ihrem Drängen bei Pilatus Erfolg (vgl. Joh 19,19–22), aber nur teilweise. Was Jesus betrifft, kommen die Soldaten zu spät. Seine Schenkel zu bearbeiten, können sie sich sparen. Mit dem Lanzenstich in die Herzgegend wird nur noch sein Tod festgestellt. Aus der Wunde tritt Blut und Wasser. Mittelalterliche Frömmigkeit deutete das als Einsetzung von Taufe und Abendmahl. Dem Erzähler ist etwas anderes wichtig. Er erwähnt in diesem Zusammenhang einen Zeugen, den geliebten Jünger vermutlich (vgl. 19,26f), der „gesehen" und „Zeugnis abgelegt hat". Die Versicherung, daß sein Zeugnis „wahrhaftig ist", und daß er als der Wahrheit Bote wußte, was er sagte, ist ihm wichtiger, als uns seinen Namen zu verraten. Der Soldat hingegen ist kein Zeuge dieser Art, denn was könnte der schon bezeugen? Er, der Jesus seine Lanze in die Seite gestoßen hatte, könnte bezeugen, daß Jesus nicht nur vorübergehend ohnmächtig geworden, sondern tatsächlich gestorben ist, er könnte aber nicht bezeugen, daß dies dem Herrn widerfahren sei und dazu dienen würde, an ihn zu glauben. Der Erzähler, der sich an dieser Stelle einmal mehr direkt an seine Leser wendet, ist sich aber sicher, daß das Zeugnis jenes Sehers und dessen Wissen um sein Wissen seinen Zweck erfüllt (vgl. 21,24). Außerdem stehen noch zwei Schriftworte an, die in dem hier berichteten Geschehen zur Erfüllung gekommen sind. Das erste bezieht sich auf die Jesus erspart gebliebene Zerschlagung seiner Beine, das zweite auf den ihm zugefügten Lanzenstich.

„Kein Knochen soll an ihm zerbrochen werden!" Der Satz entstammt der Anweisung über die Bereitung der Passalämmer (Ex 12,46; Num 9,12). Es ging bei dieser eigentümlichen Forderung wohl darum, daß auch das geschlachtete und für den Verzehr zuzubereitende Lamm seine Makellosigkeit behalten sollte, die schon bei seiner Wahl bestimmend war. Rein und ungebrochen sollte es seinem Zweck, die Angehörigen des Gottesvolkes zu nähren, unter Gottes Augen dienen. (In den Bestimmungen für die Zubereitung der Opfertiere findet sich keine vergleichbare Anweisung. Dagegen sollen die Male der Götzen *zerbrochen* werden [Ex 34,13; Dtn 7,5], die Gefäße, die Unreines bargen oder mit Unreinem in Berührung kamen, sind zu *zerbrechen* [Lev 6,21; 11,33; 15,12]. Der Herr *zerbricht* das Joch der Unterdrücker, aber auch das Unbrauchbare bzw. die Knochen derer, die sich ihm in den Weg stellen. Er schützt des Gerechten Gebeine [Lev

26,13.19; Dtn 9,17; 10,2; Ps 2,9; 3,8; 34,21; 58,7; 107,16; Jes 38,13 u.a.]). Auf Jesus bezogen: Das widerfuhr dem Herrn nicht, daß ihm einer die Knochen zerbrach und sein Dienst in irgendeiner Weise Schaden nahm (vgl. Joh 1,29.36; 6,51 ff).

Die zweite Stelle aus dem Propheten Sacharja, „sie sollen auf den schauen, den sie durchbohrt haben", ist nur unvollständig zitiert. Es geht dort um einen Durchbohrten, offenbar um den Herrn selbst, der die Bewohner Jerusalems, wenn sein Vernichtungsfeldzug gegen die Feindvölker ringsum beginnt, in abgrundtiefe Trauer stürzen wird (der Totenklage um den Erstgeborenen ähnlich), deshalb, weil sie ihren Streiter, ihren Befreier selbst wie einen Feind behandelt und ins Herz getroffen hatten. Mit dem Lanzenstich in Jesu Seite ist dies grausige Realität geworden, freilich zu ihrem Heil, sollen sie doch auf den schauen, der siegreich ihrer Taten Wundmale trägt (vgl. Joh 3,14 ff; 20,20; Num 21,9).

Der letzte Abschnitt setzt wieder mit einer Bitte ein. Joseph von Arimathaia, ein ängstlicher Jünger, findet den Mut, zu Pilatus zu gehen und ihn um den Leichnam Jesu zu bitten. Pilatus gestattet auch dies. Wer schon A gesagt hat, kann getrost auch B sagen. Die Schrift am Kreuz hat ihren Zweck erfüllt, wütende Proteste aufgebrachter Pilger wegen der nicht abgenommenen Toten kann er nicht brauchen, schön, wenn ihm einer mal die Arbeit erleichtert.

Joseph von Arimathaia und Nikodemus, der schon einmal nachts zu ihm gekommen war, Angehörige des Hohen Rates, setzen sich dafür ein, daß Jesus ein ehrenvolles Begräbnis erhält. In einem nahen Garten bestatten sie ihn in einem neuen Grab. Der heimliche Jünger und der nächtliche Freund halten die Begräbnisrichtlinien ein und gehen um ein Gemisch aus hundert Pfund Myrrhe (Naturharz) und Aloe (wohlriechendes Holz), einem kostbaren Parfüm, das eher bei Hochzeiten Verwendung fand, darüber hinaus.

Damit schließt sich der Kreis. Im Garten, wo Jesus sich mit seinen Jüngern aufgehalten hatte, war er im Auftrag des Hohen Rates festgenommen worden, jetzt ist er wieder im Garten bei zwei Freunden aus dem Hohen Rat, seltsamen Freunden. Ihre Bitte hat sich erfüllt, die Bitte jener, die ihm die Beine brechen lassen und in sein Sterben eingreifen wollten, hingegen nicht.

Der Ostermorgen

Johannes 20,1–18

1 Am ersten Wochentag aber
kommt Maria, die Magdalenerin
(19,25; 20,11.16.18),
frühmorgens,
als noch Dunkelheit ist,
zu dem Grab und sieht
den Stein vom Grabe weggenommen.
2 Da läuft sie
und kommt zu Simon Petrus und zu dem anderen Jünger,
den Jesus liebte
(13,23; 19,26; 21,7.20),
und spricht zu ihnen:
„Sie haben den Herrn aus dem Grabe genommen,
und wir wissen nicht,
wohin sie ihn gelegt haben“
(vgl. 1,38f; 3,8; 7,35; 8,14; 12,35; 13,36; 14,5; 20,13f)!

3 Da gingen Petrus und der andere Jünger hinaus,
und sie kamen zu dem Grab.
4 Die beiden waren aber zusammen losgelaufen.
Doch der andere Jünger lief schneller voraus als Petrus
und kam als erster zu dem Grab.
5 Nachdem er sich vorgebeugt hatte,
sieht er die Binden liegen
(vgl. 19,40),
ging allerdings nicht hinein.
6 Nun kommt auch Simon Petrus hinter ihm her
und ging in das Grab hinein.
Er sieht auch die Binden liegen,
7 doch das Schweißtuch,
das auf seinem Haupte war,

nicht bei den Binden liegend,
sondern abseits zusammengerollt an einem eigenen Platz.
8 Darauf nun ging auch der andere Jünger,
der zuerst zum Grabe gekommen war, hinein.
Und er sah und glaubte (was Maria gesagt hatte).
9 Denn sie verstanden noch nicht die Schrift,
daß er aus den Toten auferstehen muß.
10 Also kehrten sie wieder zu den Jüngern zurück.

11 Maria aber stand weinend bei dem Grabe draußen.
Wie sie nun weinte,
bückte sie sich etwas in das Grab
12 und sieht zwei Engel in leuchtenden Gewändern,
einen zu Häupten und einen zu Füßen sitzend,
wo der Leib Jesu hingelegt worden war.
13 Und jene sprechen zu ihr:
„Frau,
warum weinst du?"
Spricht sie zu ihnen:
„Sie haben meinen Herrn weggenommen,
und ich weiß nicht,
wohin sie ihn gelegt haben"
(vgl. 20,2)!
14 Als sie dies sagte,
wandte sie sich nach hinten um
(vgl. 20,16; 21,20),
sieht Jesus stehen
und wußte nicht,
daß es Jesus ist
(vgl. 21,4.12).
15 Spricht Jesus zu ihr:
„Frau,
warum weinst du?
Wen suchst du"
(vgl. 7,34.36; 8,21; 13,33)?
Jene, in der Meinung, daß es der Gärtner ist,
spricht zu ihm:
„Herr,

wenn du ihn weggetragen hast,
sage mir,
wohin du ihn gelegt hast,
ich will ihn holen!"

16 Spricht Jesus zu ihr:
„Maria!"
Jene wandte sich um
und spricht zu ihm auf Hebräisch:
„Rabbuni" (Mein Herr)
(vgl. 1,38.49; 3,2.26; 4,31; 6,25; 9,2; 11,8)!
Das heißt:
„Lehrer!"
(vgl. 1,38; 3,2.10; 11,28; 13,13 f)

17 Spricht Jesus zu ihr:
„Berühre mich nicht
(vgl. 20,27),
denn ich bin noch nicht zu dem Vater hinaufgegangen!
Geh aber zu meinen Brüdern und sage ihnen:
‚Ich gehe hinauf zu meinem Vater und zu eurem Vater,
zu meinem Gott und zu eurem Gott!'"

18 Maria, die Magdalenerin, kommt
und meldet den Jüngern:
„Ich habe den Herrn gesehen!"
(vgl. 20,25)
und dies habe er ihr gesagt.

Diese Ostererzählung ist eine in jeder Hinsicht bemerkenswerte, eine geradezu verrückte Geschichte. Der Verdacht des Grabraubes spielt eine Rolle, ein Wettlauf zum Friedhof findet statt, eine Frau, Maria von Magdala, wird wie in einem Tanz zur Erkenntnis des lebendigen Herrn geführt. Es gab offenbar sehr verschiedene Möglichkeiten, von Tod und Auferweckung Jesu zu erzählen. Jeder Evangelist erzählt aus seiner Sicht und mit seiner Absicht. Jeder liefert seinen besonderen Beitrag und folgt dabei seiner eigenen Weise, die Geschichte aller Geschichten zu erzählen.

Wo fängt man an, wenn man die Ostergeschichte erzählen

will? Alle Ostergeschichten beginnen am „ersten Tag der Woche". Bei Markus ist gerade die Sonne aufgegangen, als sich drei Frauen auf den Weg zum Grabe machen, um Jesus den letzten Liebesdienst zu erweisen (16,2), bei Lukas graut der Morgen (24,1) und bei Matthäus leuchtet es eben zum ersten Tag der Woche auf (28,1). Bei Johannes aber herrscht noch Dunkelheit. Fängt man im Dunkeln an (vgl. Gen 1,2; Ps 139,15)?

Maria von Magdala kommt im Dunkeln zum Grab. Wegen des Sabbats war Jesus eilig vom Kreuz abgenommen worden. Jesus hatte in einem nahen Garten ein ehrenvolles Begräbnis in einem neuen Grab erhalten. Dort hätte man ihn ganz für sich haben und zu seinem Mausoleum regelmäßig pilgern können. Sein Leichnam war mit Binden umwickelt worden, Nikodemus hatte für mehrere Kilogramm aromatischer Substanzen gesorgt (Joh 19,38–42). Das würde für eine Weile reichen. Maria kommt im Dunkeln zum Grab und macht eine erste Entdeckung: Der Stein ist weg! Hals über Kopf eilt sie davon und meldet es den Jüngern. Der so würdig beigesetzte Leichnam scheint geraubt worden zu sein! Nicht einmal des Toten Ruhe wurde respektiert!

Nun laufen Petrus und der andere Jünger, den Jesus liebte, zum Grab um die Wette, um sich von dem, was Maria ihnen gesagt hatte, zu überzeugen. Der andere ist schneller als Petrus, sieht, sich vorbeugend, die Leinenbinden liegen, geht aber nicht in das Grab hinein. Er wartet auf den heranskeuchenden Petrus. Der geht hinein und sieht noch mehr: Die Leinenbinden, aber auch ein säuberlich zusammengefaltetes Schweißtuch, mit dem das Haupt des Toten verhüllt worden war. Die Grabhöhle ist leer. Was war geschehen? Maria hatte mit ihrer Befürchtung offensichtlich recht. Jesu Leichnam ist verschwunden. Wer tut so etwas? Und welcher Grabräuber rollt ein Schweißtuch fein säuberlich zusammen? Höchst seltsam. Da hat einer den Dreh gefunden, einen Toten spurlos verschwinden zu lassen. Die Jünger kommen hier nicht weiter. Es er gibt sich einfach keine heiße Spur. Oder doch? Sah einer von ihnen, ohne zu sehen (vgl. 20,8.29)? Die beiden Jünger gehen wie Sherlock Holmes und Doktor Watson gedankenversunken davon.

Maria tritt wieder ins Blickfeld. Sie steht draußen am Grabe und weint. Endlich wagt auch sie einen vorsichtigen Blick in das Grab hinein und sieht zwei Engel in weißen Gewändern, die den leeren Platz beleuchten, wo einmal der Tote lag. Die fragen sie nach dem Grund ihres Weinens. Warum weint Maria? Es steht schlimm mit ihr, Maria weint, weil sie keinen Grund hat, weil ihr der Grund ihres Weinens, der Gegenstand ihrer Klage gestohlen wurde. Die Ärmste klagt nun noch viel mehr, daß sie nicht mehr richtig klagen kann.

Dann dreht sich Maria um ganze einhundertachtzig Grad. Sie sieht Jesus stehen und weiß nicht, daß es Jesus ist. Woher sollte sie dies auch wissen, denn ihr Jesus war ja verschwunden. Jenen hält sie nur für den Friedhofsgärtner. Und nun wiederholt sich noch einmal derselbe Dialog wie mit den Engeln. Der vermeintliche Gärtner fragt, wen sie suche. Wen sucht Maria? Maria sucht den teuren Toten, dem sie bleibendes Angedenken schenken möchte. Sie braucht den Anhalt, braucht eine Reliquie im Schrein, um Klage und Erinnerung recht pflegen zu können. Sie will den ohne ihr Einverständnis umgebetteten Toten wiederhaben.

Auf einmal wird sie mit ihrem eigenen Namen angeredet. Sie wendet sich noch einmal um. Dies kann man sich schon fast nicht mehr vorstellen, denn nach dieser zweiten Drehung würde sie ja nun mit dem Rücken zu Jesus stehen! Was sieht man, wenn man mit dem Rücken zu jemand steht? Was sieht Maria? Ihre Anrede „Rabbuni" in der vertrauten Sprache von früher zeigt, daß sie in dem, der sie mit ihrem Namen ansprach, den Jesus von früher erkennt. Der Jesus von früher aber steht hinter ihr. Sie sieht ihn hinter sich. Es ist der Jesus vor seinem Tod, den Maria, rückwärts gewandt, zu erkennen meint. Den möchte sie gern berühren, um mit ihm zu sein – als hätte es Kreuz und Tod nicht gegeben. Das aber wird ihr ausdrücklich untersagt. Sein Ort ist nicht hinter Maria von Magdala, Jesus kehrt nicht in ihre gemeinsame Vergangenheit zurück, sein Ort ist beim Vater, zu dem er zu gehen soeben im Begriffe ist. Ist er bei dem, dann kann er trotz Trennung und Tod als der an der Brust des Vaters lehnende Herr zu seinen Geschwistern kommen und bei ihnen in der Welt sein. Das Alte ist auch für ihn vergangen.

Eine schöne Bescherung! Wie in einem Tanz wurde Maria Schritt für Schritt zur Erkenntnis geführt. Zuerst erfuhren wir, wie sie im Dunkeln zum Grabe kam, eine düstere Veränderung wahrnahm und die Jünger alarmierte. Sie war jedoch selbst im Dunkel und weinte. Dann wurde klar, daß sie grundlos weinte und den Grund dafür wiederhaben wollte. Sie drehte sich herum und sah den vermeintlichen Gärtner. Der sprach sie mit Namen an. Sie drehte sich noch einmal herum und sah den vermeintlich wiederbelebten Jesus, den sie viel lieber als einen Toten festhalten mochte. Doch der entwand sich ihrem Zugriff, um zu Gott zu gehen. Maria mußte jetzt nicht nur den toten Jesus, sie mußte auch noch den vergangenen Jesus loslassen. Der wahre Ort Jesu ist nicht das Grab. Sein wahrer Ort ist auch nicht seine Vergangenheit oder die Rückkehr des Vergangenen in die Gegenwart. Sein Ort ist bei seinem und bei ihrem Vater, der die Trennung zwischen ihm und seinen Geschwistern in der Welt überwinden kann. Von dort wird er kommen und neue Gemeinschaft schaffen. Dies sollte sie den anderen, bevor er selber kommt und sie aufrichtet, vorab schon einmal bestellen. Sie tat es auch und sagte, sie habe den Herrn gesehen.

Was wird hier erzählt?

Hier wird erzählt, daß jenen Menschen vor uns, die den Herrn gesehen haben, die Ostererscheinungen alles andere als selbstverständlich waren. Auch sie mußten durch ihn aus dem Dunkel geführt werden. Auch sie mußten durch ihn aus Befangenheit, Mißverständnis, Furcht und Vorbehalt wie aus Totentüchern ausgewickelt und Schritt für Schritt zur Erkenntnis geführt werden. Auch sie waren keineswegs besser dran als wir. Religiosität half ihnen so wenig wie der ihnen so oft unterstellte Wunderglaube. Der auferstandene Herr half ihnen und drehte sie, wie in frohem Tanze, zu sich um. Sie kamen zu ihm, weil er zu ihnen gekommen war. Dann aber gab es kein Halten mehr. Sie mußten sich flugs auf den Weg machen und die Geschichte aller Geschichten erzählen.

Das Erscheinen Jesu vor den Jüngern und Thomas

Johannes 20,19–29

19 Als es nun Abend geworden war
an jenem ersten Tag nach dem Sabbat,
und die Jünger aus Furcht vor den Juden
(vgl. 7,13; 9,22; 16,2; 19,8.38)
bei verschlossenen Türen (versammelt) waren
(vgl. 20,26),
kam Jesus,
trat in die Mitte
und spricht zu ihnen:
„Friede euch!"
20 Und indem er dies sagte,
zeigte er ihnen
die Hände und die Seite.
Da freuten sich die Jünger,
daß sie den Herrn sahen
(vgl. 9,7.11.30.35–39.40f).
21 Da sagte er noch einmal zu ihnen:
„Friede euch!
Wie mich der Vater gesandt hat,
sende auch ich euch."
22 Und indem er dies sagte,
blies er sie an
und spricht zu ihnen:
„Empfangt heiligen Geist
(vgl. 7,39)!
23 Welchen ihr die Sünden erlaßt
denen sind sie erlassen,
welchen ihr sie festhaltet,
denen sind sie festgehalten"
(vgl. 8,21.24; 9,41).

24 Thomas aber
(vgl. 11,16; 14,5; 20,26.27.28),
einer von den Zwölfen,
„Zwilling“ genannt,
war nicht bei ihnen,
als Jesus kam.
25 Nun sagten die anderen Jünger zu ihm:
„Wir haben den Herrn gesehen“
(vgl. 20,18)!
Er aber sagte zu ihnen:
„Wenn ich nicht an seinen Händen
das Mal der Nägel sehe
und mit meinem Finger
das Mal der Nägel berühre
und meine Hand in seine Seite lege,
werde ich bestimmt nicht glauben!“

26 Und nach acht Tagen
waren seine Jünger wiederum drinnen.
Thomas war bei ihnen.
Da kommt Jesus bei verschlossenen Türen,
trat in ihre Mitte
und sagte:
„Friede euch!“
27 Dann spricht er zu Thomas:
„Gib deinen Finger hierher
und sieh meine Hände an,
gib deine Hand (hierher)
und lege sie in meine Seite,
und sei nicht ungläubig,
sondern gläubig!“
28 Thomas antwortete
und sagte zu ihm:
„Mein Herr und mein Gott!“
29 Spricht Jesus zu ihm:
„Weil du mich gesehen hast,
hast du geglaubt?

Zu loben sind, die nicht sehen
und glauben"
(vgl. 13,17)!

Am Abend dieses ersten Tages nach dem Sabbat saßen die Jünger bei verschlossenen Türen. In der Frühe hatte Maria von Magdala sie mit der Nachricht aufgeschreckt, daß der das Grab verschließende Stein weggenommen und Jesu Leichnam womöglich entwendet worden sei. Zwei von ihnen waren darauf postwendend zum Grabe gelaufen und hatten sich dort umgesehen. Sie sahen aber nur die Binden liegen und das Schweißtuch, womit das Haupt des Toten verhüllt worden war, doch Jesus fanden sie nicht. Zuletzt war Maria sogar noch ein zweites Mal gekommen und hatte steif und fest behauptet, sie habe den Herrn gesehen. Der habe ihr gesagt, er gehe zu seinem und zu ihrem Vater.

Was für ein Tag! Die Nerven liegen blank, und Maria hatte sie schon nicht mehr alle. Da sitzen die Jünger hinter verschlossenen Türen aus Furcht vor jenen, die Jesus töten und inzwischen wohl gar noch seinen Leichnam hatten verschwinden lassen, um die letzte Spur von ihm zu löschen. Die würden keine Ruhe geben! Ist ihr Versteck verraten? Sind ihre Feinde bereits nahe? Sollte man sich vorerst lieber nicht mehr treffen, warten, bis Gras über die Sache gewachsen ist? Da sitzen die Jünger am Abend des Ostertages selber wie im Grabe und wissen nicht, was sich im Dunkeln für sie zusammenbraut.

Auf einmal tritt Jesus in ihre Mitte und spricht: „Friede euch!" Auf einmal ist das Dunkel draußen und die Sorge drinnen in den Hintergrund getreten. Plötzlich und unerwartet war er, anders als früher, bei verriegelten Türen gekommen, in ihre Mitte getreten und hatte sie angesprochen: „Friede euch!" Ein strahlender Sieger war in ihr Loch getreten und zeigt ihnen seine Wunden. Freude erfaßt die Jünger, wie sie ihn sehen. Maria hatte es nicht vermocht, solche Freude in ihnen zu wecken. Sie hatte sie nur noch mehr verstört.

„Friede euch!" Bei der sie einschließenden Furcht kann es nicht länger bleiben, denn er, der Lebendige, ist in ihre Mitte getreten. Er ist ihr Friede, ihr Auftraggeber: „Wie mich der Vater gesandt hat, sende auch ich euch." Dafür werden sie seinen Beistand, seinen Zuspruch brauchen, in welchem er selbst sich ihnen zuspricht: „Empfangt heiligen Geist!" Der lehrt und erinnert sie an alles, was Jesus gesagt hat, er führt ihnen Jesus vor Augen, so daß sie ihn, auch wenn sie ihn nicht sehen, sehen, ihn schon gesehen haben, wenn sie ihn sehen. Dieser ihr Beistand wird sie niemals verlassen (vgl. 14,16–20.26; 15,26f; 16,13f). Er aktiviert und befähigt sie zum Zeugendienst, zur Teilnahme an seiner Selbstverkündigung. Sein Werk ist ihr Werk, ihr Werk ist sein Werk: „Welchen ihr die Sünden erlaßt, denen sind sie erlassen, welchen ihr sie festhaltet, denen sind sie festgehalten."

Das praktische Beispiel folgt sogleich: Denn Thomas, „einer von den Zwölfen, war nicht bei ihnen, als Jesus kam." Thomas wird nicht mehr nur mit der Aussage einer Maria von Magdala, sondern bereits mit dem Zeugnis aller Jünger konfrontiert: „Wir haben den Herrn gesehen."

Wie reagiert Thomas auf die Mitteilung aller? Er freut sich nicht. Thomas bestreitet nicht grundsätzlich, daß sie den Herrn gesehen haben. Er hält sie nicht für Leute, die auf seine Kosten Faxen mit ihm machen. Als der sprichwörtliche Skeptiker, der alles und jedes bezweifelt, tritt Thomas nicht in Erscheinung. Es mangelt ihm nicht an Zutrauen oder Vertrauen, wie manche ihm leichtfertig unterstellen, jedenfalls nicht mehr als den anderen auch. Thomas äußert lediglich eine einzige Bedingung. Sieht er die nicht erfüllt, erübrigt sich für ihn jede weitere Diskussion: „Wenn ich nicht an seinen Händen das Mal der Nägel sehe und mit meinem Finger das Mal der Nägel berühre und meine Hand in seine Seite lege, werde ich bestimmt nicht glauben!" Das ist seine Forderung und sein Vorbehalt, die Bedingung, die klar erfüllt sein muß, ehe Thomas glaubt. Auch er will den Herrn sehen und ihn sogar berühren. Er möchte an ihm nicht irgend etwas feststellen (etwa die Beschaffenheit des neuen Lebens), er möchte vielmehr die Spuren seines vormaligen Daseins, die Wundmale seines gewaltsamen Todes an ihm, dem lebendigen Herrn, begreifen. Wenn er ihn so zu fassen bekäme, könnte und würde er sich sehr wahrscheinlich entschließen, Jesus als seinen Gott und Herrn anzuerkennen. Ohne dieses Begreifen aber auf keinen Fall.

Wie gehen die übrigen Jünger auf Thomas ein? Sie reagieren nicht. Was sie zu sagen hatten, haben sie ihm gesagt, und was Thomas zu sagen hatte, hat er ihnen gesagt. Sie haben ihn nicht angelogen, und er unterstellt ihnen nicht, daß sie ihn angelogen hätten. Was verlangt er denn schon! Thomas besteht nur darauf, dasselbe sehen, sich selbst davon überzeugen zu können, was die anderen auch gesehen haben. Gleiche Bedingungen für alle! Ist das zu viel verlangt?

Wie geht der Herr auf Thomas ein? „Nach acht Tagen waren seine Jünger wiederum drinnen. Thomas war bei ihnen. Da kommt Jesus bei (diesmal wohl nicht „aus Furcht vor den Juden") verschlossenen Türen, trat in ihre Mitte und sagte: ‚Friede euch!'" Darauf wendet er sich, wie wenn er längst Bescheid wüßte, auf der Stelle seinem Freund Thomas zu und fordert ihn auf: „Gib deinen Finger hierher und sieh meine Hände an, gib deine Hand hierher und lege sie in meine Seite, und sei nicht ungläubig, sondern gläubig!" Auf einmal sprudelt es aus dem Angeredeten hervor: „Mein Herr und mein Gott!"

Was war da geschehen? Die Frage ist berechtigt. Denn nun fragt Jesus den gläubig gewordenen Thomas ungläubig: „Weil du mich gesehen hast, hast du geglaubt?" Weil du dich selbst davon überzeugt hast, daß ich es bin, hast du geglaubt? Du hast geglaubt, weil du mit der Aufstellung deiner nicht einmal falschen, sondern ganz richtigen Bedingung nicht daneben gezielt, sondern haargenau ins Schwarze getroffen hast? Du hast geglaubt, weil du mich gesehen und zu fassen bekommen hast? Bist du sicher? Oder war es nicht vielmehr so, daß ich dich gesehen, gefunden, ergriffen habe, lange bevor du mich gesehen, gefunden und begriffen hast? War es nicht so, daß ich mich dir durch das Zeugnis deiner Schwestern und Brüder angekündigt hatte und jetzt auch in deine Verschlossenheit mir gegenüber gekommen bin, um sie in dir aufzuheben? Hast du sie aufgehoben oder dir eingebildet, sie aufheben zu können, wenn es nur der von dir aufgestellten Bedingung und sogar der Wahrheit entspricht? Hast du dich, da du mich jetzt gesehen hast, zum Glauben überredet, oder habe ich dich aus deinem Unglauben gerufen, damit du glaubst? Was meinst du, lieber Thomas, wird es morgen oder übermorgen anders sein? „Zu loben sind, die nicht sehen und glauben!“

Es bleibt dabei, daß der auferweckte Herr uns das Zeugnis jener, denen er sich bereits erschloß und zusprach, selber aufschließen muß. Wir selbst können unsere Verschlossenheit, in die er eintreten und uns daraus befreien muß, nicht aufheben. So wurde noch niemand ein Christ. Thomas war im Recht, auf das Wort der anderen hin nicht zu glauben, und er war im Unrecht, als hinge die Wahrheit Jesu Christi und seine Beziehung zu ihm daran, daß er selbst sich davon überzeugte. „Zu loben sind, die nicht sehen und glauben!“

Dadurch, daß sie den Herrn sahen, haben uns die Osterzeugen nichts voraus. Auch sie fanden ihn nicht, sondern er fand sie in den Gräbern ihrer Furcht und den Gehäusen ihrer Vorbehalte, um sie dort herauszuholen, seinen belebenden Geist in sie zu blasen und sie mit seinem Wort in Bewegung zu setzen. Sie überzeugten niemanden mit der Nachricht, daß er lebe, am wenigsten sich selbst. Die Wahrheit überzeugte sie und machte sie frei.

Das Erscheinen Jesu vor den sieben Jüngern (Nachtrag)

Johannes 21,1–14

1 Danach zeigte sich Jesus noch den Jüngern
am See von Tiberias.
Er zeigte sich aber folgendermaßen
(vgl. 1,31; 2,11; 3,21; 7,4; 9,3; 17,6; 21,14):

2 Simon Petrus,
Thomas, ‚Zwilling' genannt
(vgl. 11,16; 20,24),
Nathanael aus Kana in Galiläa
(vgl. 1,45–49),
die Söhne des Zebedäus (Jakobus und Johannes)
und noch zwei andere von seinen Jüngern
waren beieinander.
3 Spricht Simon Petrus zu ihnen:
„Ich gehe fischen."
Sprechen sie zu ihm:
„Wir gehen mit dir."
Sie gingen hinaus
und stiegen in das Boot.
Doch in jener Nacht fingen sie nichts.

4 Als der Morgen aber graute,
stand Jesus an dem Strand.
Allerdings wußten die Jünger nicht,
daß es Jesus ist
(vgl. 20,14; 21,12).
5 Da spricht Jesus zu ihnen:
„Kinder
(vgl. 1Joh 2,14.18),
habt ihr nichts zu essen?"

Sie antworteten ihm:
„Nein."
6 Er aber sagte zu ihnen:
„Werft das Netz auf der rechten Bootsseite aus,
und ihr werdet finden!"
Da warfen sie es aus,
doch sie vermochten es nicht zu ziehen
wegen der Menge der Fische.
7 Da spricht der Jünger,
jener, den Jesus liebte
(vgl. Joh 13,23; 19,26; 20,2; 21,20),
zu Petrus:
„Es ist der Herr!"
Als Simon Petrus hörte,
daß es der Herr ist,
zog er sich das Obergewand über,
er war nämlich nackt,
und warf sich ins Wasser.
8 Die anderen Jünger aber kamen mit dem Boot,
sie waren ja nicht mehr als zweihundert Ellen
vom Lande entfernt,
und schleppten das Netz mit den Fischen.

9 Wie sie nun an Land gingen,
sehen sie glühende Kohlen ausgebreitet
(vgl. 18,18)
und Fisch darauf und Brot.
10 Spricht Jesus zu ihnen:
„Bringt von den Fischen,
die ihr eben gefangen habt!"
11 Da ging Simon Petrus
und zog das Netz an Land,
das voll war von großen Fischen,
einhundertdreiundfünfzig.
Und obwohl es so viele waren,
riß das Netz nicht.

12 Spricht Jesus zu ihnen:
„Kommt,
nehmt das Frühmahl ein!"
Keiner aber von den Jüngern wagte ihn zu fragen:
Wer bist du
(1,19; 8,25)?
Sie wußten,
daß es der Herr ist
(vgl. 16,22 f).
13 Jesus tritt herzu,
nimmt das Brot
und gibt es ihnen,
ebenso auch den Fisch
(vgl. 6,11).

14 Dies war schon das dritte Mal,
daß Jesus sich seinen Jüngern zeigte,
nachdem er aus den Toten auferweckt war.

Was uns hier geschildert wird, spielt nicht mehr in oder bei Jerusalem, sondern am galiläischen See, nach einer der größten Städte an diesem See auch „See von Tiberias" genannt. Die Geschichte beginnt mit der Aufzählung der sieben Jünger. Drei werden mit ihrem eigenen Namen genannt, zwei mit dem Namen ihres Vaters, die beiden letzten bleiben anonym. Es handelt sich um bekannte und weniger bekannte Leute. Sie sind wieder in ihrer aller Heimat angelangt, haben sich aber nicht getrennt. Der zuerst genannte Simon Petrus ergreift die Initiative. Er will sich nützlich machen und zum Fischen hinausfahren. Von irgend etwas müssen sie schließlich leben. Die übrigen entschließen sich, ihn zu begleiten. Gemeinsam geht's besser. Ihre Siebenzahl läßt ja Glück und Erfolg erwarten. Aber genau daran mangelt es, jedenfalls zunächst. Eine ganze lange Nacht lang sind sieben Jünger unterwegs, bekannte und weniger bekannte, und fangen nichts (vgl. 9,4).

Wo hält sich Jesus auf? Er ist nicht bei ihnen. Der von den Toten erweckte Jesus steht schon am Ufer, und es sieht alles danach aus, als hätte er lange vor Petrus die Initiative ergriffen. Bei Tagesanbruch sehen sie ihn ferne, ohne zu erkennen, daß er es ist. Vom Ufer her ruft er sie (wie ein besorgter Lehrer seine Schüler) als „Kinder“ an und erkundigt sich danach, ob sie etwas gefangen hätten. Sie haben nicht (vgl. 6,60ff). Da fordert er sie auf, ihr Netz auf der rechten Seite ihres Bootes auszuwerfen. Sie folgen wortlos dem Befehl des Unbekannten. Kurz darauf können sie das Schleppnetz nicht einmal mehr ziehen wegen der Menge der Fische. Der Jünger, den Jesus liebte, gibt Petrus einen Tip: „Es ist der Herr!“ Nach einer mühsamen und erfolglosen Nacht hatte er sich im Morgengrauen vom Ufer her nach ihnen erkundigt, und sie haben einen unfaßbaren Fang gemacht.

Petrus ist nicht länger zu halten. Er bekleidet sich eilig, wirft sich ins Wasser und stürmt aufs Ufer zu. Statt zu fliehen und sich vor jenem, den er im Hofe des Priesterfürsten dreimal verleugnet hatte (18,15–18.25–27), zu verstecken, flieht Petrus, seine Blöße bedeckend, wie ein kleines Kind auf Jesus zu. Und nun läßt sich auch das Netz bewegen und dem Ufer entgegenbringen. Simon Petrus hat als erster festen Boden unter den Füßen.

Als die Jünger anlegen, sehen sie Glühkohlen ausgebreitet, sehen Fisch darauf und Brot. Sie werden bereits erwartet. Jesus bittet sie, von den gefangenen Fischen mitzubringen. Petrus zieht das Netz allein an Land: einhundertdreiundfünfzig Fische. Ob es sich bei dieser Zahl um eine Geheimzahl, ein Zahlenspiel oder um eine symbolische Zahl handelt, darüber hat es manch kuriose Berechnung und wilde Spekulationen gegeben. Nur soviel ist sicher, daß eine bestimmte, nicht unbedingt eine große, keine unendliche, aber doch eine gewichtige Menge angegeben werden soll. Am originellsten und unserem Text wohl angemessen ist die Lösung, daß ein antiker Autor wie Oppianus Cilix etwa zu wissen meinte, es gäbe auf Erden einhundertdreiundfünfzig verschiedene Arten von Fischen. Dann wären hier alle Völker gemeint, keine kleinen Fische, und dann handelte es sich in der Tat um ein gar nicht genug zu lobendes Wunder, wie am Ende ihr fortwährend reparaturbedürftiges Schleppnetz mitspielte, mitspielen mußte! Es hielt zusammen und riß trotz so vieler großer Fische nicht. Der Herr zog sie zu sich: Die erfolglos fischenden, am Morgen mit reichem Erfolg beschenkten Jünger. Wie von unsichtbarer Hand gezogen, ging es zum Ufer hin immer leichter und schneller. „Wenn ich erhöht bin von der Erde“, hatte Jesus ihnen einst gesagt, „werde ich alle zu mir ziehen“ (12,32; vgl. 14,3.18–21).

Die Fischer sollen nähertreten, um das Frühmahl einzunehmen. Die von Petrus an Land gezogenen Fische werden ihrem Gastgeber überlassen, nicht jedoch Bestandteil des Mahls. Der teilt aus, was bereits vor- und zubereitet ist. Er tritt herzu, „nimmt das Brot und gibt es ihnen, ebenso auch den Fisch.“ Es braucht nichts mehr gefragt zu werden. Einen Fremden hätten sie sicher manches zu fragen gehabt. Noch bevor sie das Mahl einnehmen, wissen alle, daß es der Herr ist (vgl. 16,22f). Diese Erkenntnis breitete sich im Verlauf der Geschichte unter ihnen wie ein Feuer aus. Daß sie ihn für einige Zeit nicht mehr sahen, dann sahen und doch nicht sahen, ist ihnen kein Problem mehr (vgl. 16,16ff). Jetzt wissen sie es alle, daß er es ist, und nun bewirtet er sie alle.

Ostern bedeutet für Jesus und seine Jünger, daß sie sich wohl in verschiedenen, nicht aber in getrennten Räumen befinden. Wohin sie auch gegangen sein oder sich zurückgezogen haben mögen, dieser Ort ist Jesus frei zugänglich, sei es in Galiläa oder sonst irgendwo auf der Welt. Bevor sie die Initiative ergriffen und an ihre Arbeit gingen, hatte er sie schon ergriffen, sorgte er bereits für sie. Die Jünger sind ihm weder auf seinem noch auf ihrem eigenen Weg abhanden gekommen. Er mußte sie nicht erst lange und aufwendig suchen, er hatte sie nie verloren (vgl. 10,27–30). Er stand schon an ihrem Ziel und handelte von diesem Ziele her wie einer, der genau weiß, was dazu erforderlich ist und was sie nötig haben. In allem Geschehen bekamen sie immer wieder sein freies Zuvorkommen und am Ende ihn selbst zu Gesicht. Auch seinen eigenen Befehlen, denen sie nachkommen sollten und nachgekommen waren, kam er in aller Regel noch einmal zuvor.

Es wollte ihnen allerdings nicht gelingen, sich selbst zu versorgen und sich selbst ihrem Ziele näher zu bringen. Nach nur einer Nacht vergeblicher Liebesmüh waren sie schon am Ende.

Ein Jünger vermag sich als Jünger eben weder selbst zu erhalten noch selbst zu vollenden. Daß der auferweckte Jesus sie bei ihrem so notwendigen Versuch, sich Nahrung zu verschaffen, erkannte, sie ansprach und ihnen gebot, daß er ihnen stets zuvorkam und ihnen zeigte, wie es dennoch weiterging, das war und das ist ihr Glück. So sind sie mit ihm zusammen, immer wieder überrascht, daß er es ist, daß er ihnen den Tisch schon gedeckt hat und sie, trotz aller Mühe, die sie sich geben wollten und geben sollten, am Morgen nur noch zuzulangen brauchen.

So also sieht die mit Ostern anhebende Geschichte aus! Da kurven anfangs ein paar zurückgelassene Jünger scheinbar völlig umsonst im Weltgeschehen herum und erreichen gar nichts. Sie werden vom auferweckten Herrn erreicht. Dieser andere, einer, den sie erst undeutlich sehen, sie alle aber schon gesehen hat, spricht sie an. Sein Wort vermag die Entfernung und noch einiges mehr zu überbrücken. Auf sein Geheiß werfen sie ihr Netz noch einmal aus. Über den Erfolg seines Wortes können sie sich nach der Nacht ihrer eigenen Erfolglosigkeit nur wundern. Die Jünger bewegen das prallvolle Netz nicht von der Stelle. Da erst gehen einem die Augen auf, macht einer einen anderen darauf aufmerksam: Es ist der Herr! Er garantiert ihr Fortkommen durch sein freies Hinzutreten. Ihr Netz zerreißt nicht. Ein einzelner Jünger, jener zuerst ans Ufer gekommene Simon Petrus, kann mit Hand anlegen und von Land her alles andere mühelos nach sich ziehen, weil die Ausführung und der Erfolg seiner Arbeit eben in der Hand des Herrn liegen.

Was tragen all die bekannten und unbekannten Jünger dazu bei, daß sie dem Ufer Jesu Christi näher und näher kommen? Im Grunde nichts und doch auch wiederum viel. Sie zeigen es an und machen einander darauf aufmerksam, daß er es ist. Sie folgen dem Wort des Herrn, werfen ihr Netz nach einer vergeblichen Nacht noch einmal aus und legen in seiner Aktion selbst mit Hand an. Sie strecken ihre Hände aus und – werden beschenkt.

Petrus und der geliebte Jünger (Nachtrag)

Johannes 21,15–23

15 Als sie nun das Frühmahl eingenommen hatten,
spricht Jesus zu Simon Petrus:
„Simon, (Sohn) des Johannes
(vgl. 1,42; 21,16f),
liebst du mich mehr als diese?"
Spricht er zu ihm:
„Ja Herr,
du weißt, daß ich dein Freund bin."
Er spricht zu ihm:
„Weide meine Lämmer!"

16 Wiederum spricht er zu ihm,
zum zweitenmal:
„Simon, (Sohn) des Johannes,
liebst du mich?"
Spricht er zu ihm:
„Ja Herr,
du weißt, daß ich dein Freund bin."
Er spricht zu ihm:
„Hüte meine Schafe!"

17 Spricht er zum drittenmal zu ihm:
„Simon, (Sohn) des Johannes,
bist du mein Freund?"
Da wurde Petrus betrübt,
daß er zum drittenmal zu ihm sagte:
‚Bist du mein Freund?'
Und er sagte zu ihm:
„Herr,
der du alles weißt,

du erkennst,
daß ich dein Freund bin“
(vgl. 2,24f).
Spricht zu ihm Jesus:
„Weide meine Schafe!
18 Amen, Amen, ich sage dir
(vgl. 13,38):
Als du ein Jüngling warst,
gürtetest du dich selbst
und gingst, wohin du wolltest.
Wenn du aber alt geworden sein wirst,
wirst du deine Hände ausstrecken,
und ein anderer wird dich gürten und führen,
wohin du nicht willst“
(vgl. 13,36; 1Clem 5,4).
19 Das aber sagte er, um anzudeuten,
durch welche Todesart er Gott verherrlichen werde
(vgl. Joh 11,4; 12,33; 18,32).
Und nachdem er dies gesagt hatte,
spricht er zu ihm:
„Folge mir“
(vgl. 1,43)!
20 Da wandte sich Petrus um
(vgl. 20,14.16)
und sieht den Jünger,
den Jesus liebte,
folgen, den,
der auch beim Mahl an seiner Brust gelegen
und gefragt hatte:
„Herr, wer ist's,
der dich ausliefert“
(vgl. 13,23.25; 19,26; 20,2; 21,7)?
21 Als nun Petrus diesen sah,
spricht er zu Jesus:
„Herr,
dieser aber, was (wird aus ihm)?“
22 Spricht Jesus zu ihm:
„Wenn ich will,

daß er bleibt,
bis ich komme,
was geht es dich an?
Du folge mir!"

23 Die Kunde war nun zu den Brüdern gedrungen,
jener Jünger stirbt nicht.
Jesus hatte aber nicht zu ihm gesagt,
er wird nicht sterben,
sondern:
„Wenn ich will,
daß er bleibt,
bis ich komme,
was geht es dich an?"

Nachdem sie das Frühmahl eingenommen hatten, beginnt das Gespräch zwischen dem Auferstandenen und Simon Petrus. Dreimal wird er gefragt, ob er Jesus liebe, und dreimal bejaht Petrus diese Frage. Er appelliert dabei immer an das Wissen des Herrn und schildert ihm nicht etwa seine Gefühle. Als er im Palasthof des Priesterfürsten von dessen Bediensteten befragt wurde, ob er sein Jünger sei, hatte er es dreimal verneint (18,15–18.25–27). Seine Furcht hatte den Sieg über ihn davongetragen. Nun wird er gefragt, ob er Jesus mehr als die anderen Jünger liebe, allerdings nur beim ersten Mal. Immer aber wird er von Jesus mit seinem und seines Vaters Namen angesprochen. Nach jedem Ja – ohne daß Petrus Besserung versprochen hätte und seine Jesusliebe fortan intensivieren wollte! – erhält Petrus den Auftrag, sich um die anderen zu kümmern. Als Jesus zum dritten Mal fragt, ist Petrus bedrückt. Warum bedrängt ihn Jesus unablässig? Er, der alles weiß, weiß doch, daß Petrus ihn liebt. Wozu die Fragerei?

Es geht hier wohl nicht darum, daß Jesus Zweifel an seinen Antworten hegt. Jesus weiß, daß Petrus ihn liebt. Petrus hat ihm keinerlei Neuigkeiten über sich zu offenbaren. Aber ob es auch der Sprößling des Johannes schon weiß, das ist hier die Frage! Er soll es selber sagen dürfen, dieser Erste am neuen

Ufer, der alle anderen nach sich zog. Er soll die unerhörte Neuigkeit, daß er, Petrus, sein Jünger ist, laut und vernehmlich aussprechen. Er soll das bejahen dürfen, gerade er, nachdem er es zuvor dreimal verneint hatte. Er selbst soll seine aus der Not geborenen Lügen auf diese Weise der Reihe nach bestreiten. Indem er es tut, ist er qualifiziert, sich um die anderen zu kümmern. Jesus zögert keine Sekunde danach, ihm diesen Auftrag zu geben.

Worin besteht dieser sein Auftrag? Es handelt sich um einen in mehrfacher Hinsicht begrenzten Auftrag. Jesus dachte nicht daran, sich zur Ruhe zu setzen und ihn die Arbeit allein machen zu lassen. Petrus soll ihm nur folgen. Die Lämmer, die Schafe sind nicht „seine Schäfchen", nicht sein Eigentum, und er nicht ihr guter Hirt. Er wird nicht für sie sterben, wie Jesus für sie starb, noch ihnen das ewige Leben geben. Er wird sie weder alle bei ihrem Namen rufen, noch sie Jesus zuführen, er wird ihnen weder vorangehen, geschweige so zu ihnen sprechen, daß sie die Stimme ihres Herrn hören. Er soll Jesus lediglich folgen, das heißt, sie auch verteidigen, sie auch zusammenhalten, auch für sie sorgen und ihnen auch gut zureden und so deutlich machen, durch wen sie verteidigt und zusammengehalten sind, und wer für sie sorgt, ihn inbegriffen. So etwa, wie er schon beim Bergen der anderen mit Hand angelegt hatte. Unfehlbarkeit, Unsterblichkeit ist ihm nicht in Aussicht gestellt. Ansonsten bleibt seine Dienstanweisung auffallend allgemein. Wie sollte es anders sein, wo Jesus vorangeht, und er, ihm folgend, seinen Dienst eigenständig verantwortet und ausfüllt!

Auch in zeitlicher Hinsicht ist sein Dienst begrenzt. Er hat eine Lebensaufgabe bekommen, nicht mehr. Aber auch nicht weniger. Sie wird dort enden, wo er sie nicht geendet sehen, wo er selbst nicht enden will. Gealtert, gebunden, vielleicht sogar gekreuzigt, wird er am Ende nicht führen, sondern sich führen lassen müssen. Aber auch geführt werden, gut gerüstet. Dorthin freilich, wohin er nicht will, in sein Sterben und hernach ins Grab. Wohlan denn, folge mir!

Petrus aber dreht sich um und sieht unmittelbar hinter sich einen zweiten, den geliebten Jünger folgen, mit welchem er eine Zeitlang unterwegs war: „Herr, dieser aber, was wird aus ihm?" Auf diese Frage bekommt Petrus eine überaus harsche Antwort. Warum? Sucht Petrus ein Haar in der Suppe? Könnte er Jesus leichter folgen, wenn er wüßte, was aus dem anderen hinter ihm werden würde? Möchte er, was den Weg jenes anderen, Jesu Weg mit ihm betrifft, ein Wörtchen mitreden? Ist seine Frage, wie so viele Fragen, leider nur aus einer Kehrtwendung, dem eigenen Stehenbleiben, einem besorgten Rückblick geboren? Wer stehenbleibt und Jesus den Rücken zukehrt, sieht den unmittelbar hinter ihm folgenden Jünger zwar, sieht ihn aber ohne ihn in eine ungewisse Zukunft gehen, fragt nach einem Werden, einer Geschichte aus dem Stand. Das aber geht Jesus zu weit. Wie er nicht seiner eigenen Zukunft Herr ist, so auch nicht der Zukunft jenes anderen hinter ihm. Die Zukunft dieses Jüngers gehe ihn nichts an, darüber soll er sich keine Kopfschmerzen machen, es sei Jesu Angelegenheit allein, ob der bis zu seinem Kommen bleibt und was von ihm bleibt.

Zu dem Zeitpunkt, als diese Zeilen aufgeschrieben wurden, war auch „der Jünger, den Jesus liebte", bereits gestorben. Auch Petrus hatte inzwischen längst den Verfolgungstod erlitten. Man wußte schon gar nicht mehr genau, wo, wie und wann. In unserem Text geht es um das Problem der Generationenfolge: Die Ersten sind gestorben, die Zweiten auch. Zeugnisse von Toten hielt man in den Händen (vgl. 21,24). Hatte Jesus nicht gesagt: „Wenn einer mein Wort bewahrt, wird er den Tod nicht kosten in Ewigkeit" (8,52; vgl. 11,1ff; Mk 9,1; Mt 16,28; Lk 9,27; 1Kor 15,51ff)? Hinter uns folgt schon die nächste Generation und die übernächste kündigt sich an. Was bedeutet das für sie? Was bedeutet es für uns? Unsere Geschichte wird ja immer gewaltiger, immer unübersichtlicher, immer zweifelhafter. Das einzige, was wirklich wächst, scheint das Heer der Toten zu sein!

Das Ufer ist noch nicht das Ziel. Die Frage des Ersten am neuen Ufer, der hinter sich sah, will nicht verstummen. Sie wird wie ein Staffelstab rückwärts durch die Geschichte gegeben. Jede nachfolgende Generation möchte, was ihre Zukunft angeht, den Worten Jesu ein wenig mehr entnehmen, als ihnen zu entnehmen ist. Keine will dorthin, wohin sie nicht will –

und sei sie auch noch so gut dafür gerüstet. Das ist verständlich.

Haben wir uns so die Sache vorgestellt? Aber auch Jesus hat sie sich ja so nicht vorgestellt. Petrus soll nicht rückwärts, er soll vorwärts in die Zeit schauen. Er soll seinem Herrn folgen und seiner Schwestern und Brüder Zeitgenosse sein.

Textübersicht

Textsegment	*Markus*	*Johannes*
Jesu Kommen nach Jerusalem	11,1–10	
Neues Zutrauen	11,11–14.20–25	
Aufhebung des Opferdienstes	11,15–19.27–33	
Der Todesbeschluß		
Salbung in Bethanien	14,3–9	12,1–8
Das Herrenmahl		
Fußwaschung		13,1–17
Herrenmahl	14,17–25	
Bezeichnung des Auslieferers	17–21	13,18–30
Jesu Gebet in Gethsemane	14,32–42	
Gefangennahme	14,43–52	18,1–11
Jesus vor dem Hohen Rat/vor Hannas	14,53–63	18,12–27
Verleugnung durch Petrus		15–18.25–27
Der Prozeß		18,28–40 (I)
		19,1–16a (II)
Die Kreuzigung Jesu	15,20b-41	19,16b-30
Begräbnis/Tod und Begräbnis	15,42–47	19,31–42
Der Ostermorgen	16,1–8	20,1–18
Das Erscheinen Jesu vor		
Den Jüngern		20,19–29
Thomas		26–29
Sieben Jüngern am See		21,1–14
Petrus und der geliebte Jünger		21,15–23
Verschiedenen Jüngern	16,9–14	
Sendung (Schluß)	16,15–20	